Now and Here

さあ、今から始めよう！

最強の働き方マニュアル

新 将命

はじめに

「同期でトップの実力をつけたい」

「英語をマスターしたい」

——何かのキッカケでこんなことを思ったとき、あなたはどうするだろう？

中には「自分より優秀な人がたくさんいるし、トップなんてとても」とか「いまさら英語は無理だ」と、すぐに諦めてしまう人がいるかもしれない。

こういう人は、エジソンとかアインシュタインのような極めて例外的な天才をのぞけば、普通の人は自分の持てる能力のせいぜい五％くらいしか使えていないということを忘れてしまっている。

残りの九五％は〝未開地〟のままなのだ。持っている能力を出しきっていない、自分を磨ききっていないだけなのに「自分にはたいした能力はない」と悟りきった顔をして一生を終わるのは、あまりにももったいないではないか。

しかし、そうかといって今日から心機一転努力をすれば、あれよあれよと実力がつくかというと、そうは問屋がおろさない。

あなたが何らかの力（ビジネスに必要なスキル）を身につけようと決めて行動に移した場合、時間と努力を傾ければ、よほど間違ったやり方でもしない限り、必ず右肩上がりに〝実力カーブ〟は上昇する。ところが、実際は力がついていても「たしかに自分は力がついたな」と自分で気づかない時期がしばらく続くものである。

ここで諦めて努力をやめると、実力そのものも元のレベルに戻ってしまう。

反対に、諦めないで自分なりに方法などを工夫しながら歩み続けると、ある日自己認識のレベルがタクシーのメーターのようにカチャッと上がって、首尾よく実力カーブにドッキングする。

あとはこのくり返しで「英語をマスターする」などの目標に達するわけだ。

このプロセスをくり返すということが、伸びる人に共通の、最大の特徴だ。

同期のトップを走っている人や、上司に「この男はいつか必ず一流になる」と目されている人達は、何も特別なことをしているわけではない。つねにこのプロセスをくり返しているだけのことなのである。

ビジネスで成功するには、おのずから「原理・原則」というべき「仕事の基本」がある。本書には、五八年におよぶ長いビジネス経験の中から私が体得した、「できる人」になるための働き方がギッシリ詰まっている。

仕事をより効率よく、生産的にするアイディアや、努力を続けるためのちょっとしたコツも満載した。その効果は私がすでに身をもって実証ずみである。

これらのノウハウを一日も早く、あなた自身のものとして身につけていただきたい。

その努力に対する報酬は、あなた自身の〝一流のビジネスパーソン〟〝スーパーエリート〟としての成功であることを約束しよう。

新　将命

『最強の働き方マニュアル』もくじ

2章

できる人はいつも明確な〝目標〟を持っている

3章

できる人の働き方マニュアル

4章 できる人はコミュニケーション力が長けている

5章 できる人はなぜいつも時間に余裕があるのか

6章

できる人は逆境を力に変えられる

7章 できる人は目的意識をもって働いている

1 章

できる人の発想法は何が違うのか？

1 できる人は会社をかしこく利用する

ビジネスパーソンには、会社に使われる人と会社を使う人とがいる。前者は自分と会社の関係を「対立」と、後者は「両立」ととらえている。あなたも「成功者になるための会社とのつきあい方」の極意をつかんでほしい。

――できるだけ早く会社に〝貸し〟を作る

すぐれたビジネスパーソンは会社に〝貸し〟を持っている。こういっても、べつに会社にお金を貸しているという意味ではない。

ビジネスパーソンたるもの、「自分は会社に貸しがある」と胸を張っていえるようになるべきだ。たとえば自分の給料が三〇万円とすると、自分の仕事を通して六〇万や七〇万円ぐらいの利益を会社にもたらすということである。

「給料分だけ働けばいい」といった発想では、伸びる芽を自ら摘んでしまう。

若い頃の仕事を山ほど押しつけられている時期には、「給料分だけ」といったケチな計算をせずに、思い切って腕を振るって会社に貸しをつくる。それが結果的には能力アップや成長という形で自分に返ってくるのは間違いないことなのだ。

もちろんキチンとした計算はできないかもしれないが、気持ちの上では、そう思って仕事に取り組むべきだ。たとえば、仕事の目標を自分自身で会社の期待よりも高く設定して、それをクリアすべく努力する。それが実現すれば、会社に貸しをつくったという実感が生まれるだろう。

そうすれば、会社に対して妙な負い目や遠慮もなくなってくるだろうし、自分に自信を持つことができる。この自信が自分にゆとりと充実感を持たせてくれて、ますますいい仕事ができるようになる。

結果として、会社にとって必要度の高い人間になることができる。会社はそうした人間をちゃんと見ぬいているのも事実である。その結果が評価や処遇に反映される。

今のあなたは会社に対して、「貸方人間」であるといえるだろうか？

――こう考えればすぐできる「会社と自分の両立」

「会社の仕事なんか正直いって面白くない。仕事はクビにならない程度にやって、趣味の音楽を楽しみたいというのが本音です」

一流企業と目されている会社の若手社員から、こんな言葉を聞いたときには、唖然として声も出なかった。どうしてそんなにもったいない生き方をしているのだろうかとかわいそうに思ったほどである。

考えてもみるといい。会社員であれば誰でも、イヤな仕事に一日最低でも八時間、遠距離通勤の人が残業したりすると下手をすれば十二時間以上も会社に拘束されることになる。決して取り返すことのできない「時間」という貴重な財産を、わずかばかりの収入を得るためだけに費やすのは、もったいなさすぎる話だとは思わないのだろうか？

試しに計算してみよう。一日二十四時間のうち睡眠時間を七時間とすると、残りは十七時間。ということは、自分の起きている時間のうち仕事に割く時間は、最低でも四七％、残業などがあると七一％にも及ぶ。
「仕事」と「個人の生き方」（「趣味に生きる」という考え方など）を対立させたままにしておくと、人生の半分以上をムダに費やしてしまうことになる。これではいかにももったいない。

件《くだん》の青年の場合は、もっと音楽に関係ある職業に就くべきだったのだろう。あるいは、仕事に対する考え方を根本的に変えるように努力した方がいい。仕事と自分の両立を考えればいいのである。

私自身は、会社を自己実現を図るための、ひとつのステージ（舞台）と考えてきた。振り返ってみれば、右も左もわからない新人時代から現在まで、大小さまざまな失敗と少々の成功を味わってきた。その間に、人間関係でもまれていやな思いをしたことも多々ある。

ともかく、こうした経験によって、モノの見方が修正され、それなりに幅も広がってきた。こうして、さまざまな勉強をさせてもらったことが、自分の目標を設定して達成する上での原動力となった。仕事を通じてビジネスの原理原則を学び、それによって自分の生きざまを考えることもできた。

だが、一日たりとも会社のためだけに働いたことはなかった。逆に、許される、前向きな意味では、会社を利用してきたといえる。もちろん業績という形で会社に対してもそれなりのメリットを与えてきた。

仕事と自分の生き方とは対立するものではなく、両立させるべきものなのだ。少なくとも会社員という職業を選択した以上、自分の価値観と仕事とを限りなく両立させるというところから、考えはじめることである。

自分を生かすことが会社を生かすことになり、会社を生かすことが自分を生かすことになる……こんな関係を作れた人だけが、仕事でも趣味でも存分に力を発揮し、充実した人生を送るのだ。

——会社とは〝夢を叶える便利なツール〟である

経営者としての私も、つねに社員には「会社を積極的に利用しなさい」といい続けてきた。仕事を通じて自分が成長するという発想をベースとして、会社が提供するさまざまなサービスを活用する姿勢も必要になってくる。たとえば、通信教育や勉強会、セミナー、資格取得支援、海外留学制度……現在の企業は社員の自己実現を支援する姿勢が強くなっているだけに、その気になって探せば機会はいくつもあるだろう。要はこちらの気持ちの持ち方である。

私自身を振りかえってみると、四〇年弱にわたって、会社と自分とを両立させるスタンスで働いてきた。その結果、仕事上でも、人間的成長の面でも、それなりの成果を上げることができたと自負している。

「そんなに働いて体壊さないか？」といわれるほど、仕事に熱中した時期もあった。たとえば、ジョンソン・エンド・ジョンソンに転社した当初は、会社のそばのホテルに連日泊り込みで、それこそ働きづめに働いた。そのときには自分の健康や家族との生活さえ犠牲にしていたように思われる。はたからみると、「会社のために、そんなに働かなくても……」と思えたかもしれない。

だが、私にとってこのときの働きぶりは決して「会社のため」だけのものではなかった。自分の人生計画という長期戦略の中でのひとコマとして、意識的に集中して仕事をしただけのことだ。つまり、「自分のため」の仕事と「会社のため」の仕事が一致していたのだ。

仕事は仕事、自分は自分と公私を分ける生き方はある意味では潔いとは思うが、やはり会社は積極的に利用すべきものだ。人生の目標が明確でありさえすれば、会社ほどその実現に役立つ存在はない。

会社を「自分を管理し、縛りつけるもの」という発想から脱却して、「自分の夢や希望を叶えるための便利なツール」くらいにとらえてみよう。

――若いうちは、とにかく「できる人」をめざす

私の理想のビジネスパーソンの姿は、一言でいうと「できる・できた人」である。仕事で結果を残すことのできる実力があり、しかも人間的にも優れた人ということだ。

私が若いみなさんにお勧めしたいのが、モノの順番として若い頃にはまず「できる人」をめざせということである。自他ともに「できる人」になることができれば、自然と「できた人」への道筋は見えてくることが多い。

人間の成長にはステップがある。一気に理想の姿をめざすのも一つの方法論ではあるが、確実にステップアップしていく方が無理がないし、途中で挫折する危険性も少ない。何よりも、その年代年代にふさわしい自己開発モデルを探すのが簡単だというメリットがある。

株の世界では「もうはまだなり。まだはもうなり」という言葉がある。一流のビジネスパーソンをめざすならば「もう」という妥協は禁物。「まだ」「まだ」で挑戦を続けよう。

私自身、二〇代の頃は自分にどんな能力があるのか、またどんな仕事に向いているのかがよくわからなかったこともあって、どんな仕事でも食わず嫌いをせずに、どんどんチャレンジしていった。

当時立てた目標は、「同期生のつねにトップを行く」こと。昇収昇格はもちろん、資格なども人よりも早く取ろうと頑張った。

決して自分の現状に満足することはなかった。そして、自分が立てた目標を達成したときの満足感は、何ものにも代えがたいものがあった。さらに、より高い目標にチャレンジしようという意欲が湧いてきたものである。これが、曲がりなりにも私を成功らしいものに導いてくれたといえる。

――はっきりした「目標」のない者は、平社員ですらいられなくなる

ビジネスの世界で評価されるコツは簡単だ。

「会社と自分にとって納得のいく優位性を伴った差別化（付加価値）を持つ社員」でいることである。マーケティングの世界ではＵＳＰ（ユニーク・セーリング・プロポジション）という。

日本的経営の大幅見直しが進んでいる今、ビジネスパーソンも自分自身のマーケティングを図らなければ、生き残れない。

私は二〇代の頃から、自分の能力を向上させるために「自分株式会社」という考え方を続けてきた。

「自分株式会社」は耳慣れない表現だと思う。なにも、自分で株式会社を設立しようという意味ではない。自分の人生の、またビジネスマンとしての生き方の目標や計画

づくりにあたって、自分自身を株式会社に見立てて運営していこう、という発想だ。だれしも、世の中で一番大切なのは自分だ。会社ももちろん大切な存在ではあるが、しょせん自分の幸せをつかむためのツールにすぎない。

ツールにしかすぎない会社でさえ〝エクセレント・カンパニー〟であるためには、企業理念、戦略計画、差別化などを必要とするのだ。ならば、自分にとってかけがえのない「自分」に理念、戦略計画、差別化づくりのためのアクションプランがないのはあまりにももったいないではないか。

「自分株式会社」の代表取締役として自分自身をマネジメントすることが、これからのビジネス社会で自己実現を図るために、ますます重要になってくる。方向性のはっきりした目標を持たない社員は、終身雇用制の崩壊した日本ではまず生き残れず、いずれリストラの対象になるのは目に見えている。まだ若い自分株式会社かもしれないが、エグゼクティブマインドをつねに持って行動してもらいたい。

2 できる人は必ず持っている「能力の三本柱」

ビジネスパーソンとして成功するには能力が必要だというのは誰でもわかる。ところが「能力って何？」となると、かなりのベテランでも分かっていないものだ。ここでは「能力の本質」をガッチリと自分のものにしよう。

――ビジネスに必要な能力とは？

世の中には、「あの人はできるなぁ」とこちらを驚嘆させるような人がいる。この「できる」という基準は、わかったようでわからないものだ。

そこで、ある日自分なりに分析してみた。その結果、ビジネスを遂行していくために必要な能力に「三本柱」があることがわかってきた。

もちろん、ビジネスパーソンに要求されるビジネス遂行能力というものは、新入社員とマネジャーとでは違うし、上級経営幹部ともなるとまた違ってくる。それぞれの段階で果たすべき役割が違うので、当然のことだ。だが、こうした質的な変化を考えてみても、その根底にはやはり三つの柱が厳然として存在する。

その三本柱とは、「専門的（機能的）能力」、「マネジメント能力」、「人間的能力」である。

三つの能力を次に検証してみよう。あなたのめざす「できるビジネスパーソン」の姿がおのずから見えてくるだろう。

――社内の誰にも負けない分野をひとつ持つ

まず、誰もが必要だと感じているのが、自分のやるべき仕事に対する能力だろう。

私はこの能力を「専門的（技術的）能力」と呼んでいる。この能力が備わってはじめてビジネスパーソンは「一人前」といえるのである。

具体的に例をあげよう。営業でいえば、市場知識、商品知識、プレゼンテーション能力、説得力、顧客開拓能力、人間関係調整能力、代金回収能力、情報収集・伝達能力、苦情処理能力、企画提案能力……といった数多くの能力が要求される。これらの専門的能力に長けていることが、できるビジネスパーソンの最低条件だ。

当然のことだが、専門的能力に欠けるノウなし人間では、他にどんなに優れた面があっても通用しない。

また、専門的能力については、専門分野のこの分野に関しては社内の誰にも負けないし、他の分野についてもそれなりの知識技術を持っている、というレベルまで達することが必要だ。

そして、複数の強い分野を持つように心掛けたいものだ。

――「プラン→ドゥ→チェック→アクト」をうまく循環させる能力

ビジネス遂行に必要なもうひとつの柱が、「マネジメント能力」だ。専門的能力と混同しがちだが、厳密にいうと違ってくる。これは、専門的能力を生かすために必要な能力なのである。

マネジメント能力とは、みなさんもよくご存知の「プラン（P）→ドゥ（D）→チェック（C）→アクト（A）」のマネジメントサイクルを回す能力である。

たとえば、社長は年間売上・利益といった計画を立てて、実行し、結果を評価して次の仕事へと結びつける。

また、一般社員や新人たちも同様に、与えられた目標をどう達成しようかというアクションプランを立て、実行し、その結果を評価して、次の仕事へとつなげていく。

社長と一般社員とでは、マネジメントの内容や会社に対する影響力は違うが、それぞれの職務遂行上においては、マネジメント能力の重要性は変わらない。

なお、私はマネジメント能力をフルに発揮するために必要な、「コーディネーション（調整力）」、「コミュニケーション」、「クリエイティビティ（創造性）」の「三つのC」をプラスして、次の「仕事マネジメントの方程式」を作った。

仕事マネジメント＝ＰＤＣＡ＋ＣＣＣ

調整能力とは、各セクション間や上司部下といった上下関係、他社との関係、取引先との関係などを調整する能力のこと。

コミュニケーション能力とは、組織の中で各自が与えられた役割を確実にこなすためには欠かせないもので、組織の多機能化が進めば進むほど必要になってくる。

さらに、創造性とは、過去のやり方を踏襲《とうしゅう》するばかりでなく、ときには現状を打破して新しい状況を作りあげる能力のこと。「前例がないからできない」ではなく、「前例がないからやってみよう」という意欲から生まれてくるものである。


これまでビジネス遂行能力の二つの柱、❶専門的（技術的）能力、❷マネジメント能力について紹介してきた。組織の中で仕事をしていく上で、この二つの能力の重要性については異論は少ないだろう。そして、できるビジネスパーソンといわれる人の態度や行動を見ていると、例外なくこの二つの能力が抜きん出ている。

ある消費財メーカーで、経理畑出身の幹部がトップになった。彼は経理という専門的能力では卓越していたが、どうもマネジメント能力が不足していたらしい。いつしか、その会社の経営状況は悪化してしまった。つまり、トップとしてビジネスを遂行していくために必要な能力のバランスがとれていなかったのだ。やはり、できるビジネスパーソンの最低条件はこの専門的能力、マネジメント能力の二つなのである。

――「彼のためならば」と思わせるのはなぜか？

ビジネスの世界でも、人間的能力が必要である。

ある会合で、こう話をしたところ「ビジネスとどんな関係があるのか？」という疑問が投げかけられた。専門的能力やマネジメント能力は、ビジネス遂行上の基本ともいえる能力だけにすんなり納得できるが、優れた人格を形成することとビジネスとの相関関係はたしかにわかりづらい。

あるアメリカ企業の例。技術者としてはとびきり優秀な人が社長に就任したが、二年以内に取締役の三分の一が辞めてしまった。

この社長、技術力はあっても、人間としての魅力や指導力という面では欠陥人間であることを、任命したアメリカ人トップがわかっていなかったための悲劇である。

ところで、あなたは「あの人のいうことは確かだし信頼できる」と思っている人から行動を指示されるのと、「あの人だと二階に上ってもはしごを外されてしまったり、手柄を取られてしまうのではないか」と疑いたくなるような人から指示されるのとでは、どちらが仕事に気合が入るだろうか？

当然、前者ではないだろうか。

ビジネスは人間の行為である。計画を立てるのも人間なら、機械を動かすのも、営業するのも、資産運用をするのも人間である。

たとえばトップに立つ人間なら、その人間集団が心から納得してついてくるような優れた人間性が必要なのである。単なる命令だけでは、人は本当の働きをしない。

アメリカの鉄鋼王Ａ・カーネギーは「どんなに偉大な人も、他人の協力なしに、その実力を発揮することはできない」といっている。このことはトップに限った話ではない。もちろん一般社員も、実力を発揮するためには人に動いてもらうことが必要であり、人に動いてもらうためには、心から納得して動かせるだけの人間的能力が必要なのである。

なお、こうした人間的能力に長けた人のことを世間では、仕事が「できる人」に対して、「できた人」という。

――20代は、専門的能力、マネジメント能力を徹底的に鍛える

新入社員と中堅社員、経営トップとでは、必要とされる能力の重要度が違ってくる。たとえば、「人間的能力」は地位が上がるほど必要となってくる能力である。エグゼクティブといわれる人たちには、この能力がもっとも必要となってくる。

また、マネジメント能力は地位に関係なく必要とされる。

専門的能力は、地位が上がるにしたがって相対的に重要度が下がってくる能力である。相対的といったのは、能力はつねに一定しているわけではなく、地位とともにすべての能力が拡大生産的に向上していくべきものだからである。

年代別に大まかにいうとこうなる。

二〇代では、専門的能力がもっとも重要になってくる。能力を一〇〇とすれば、その重要度は六〇ぐらいにあたる。人間的能力二五、マネジメント能力一五ぐらいだろうか。くれぐれも、専門的能力は若いうちに徹底的に鍛えておきたい。

三〇代になると、人間的能力についても鍛えはじめる必要がある。専門的能力五〇、マネジメント能力二〇、人間的能力三〇。

四〇代では、人間的能力をさらに磨くべし。人間的能力四五、専門的能力三〇、マネジメント能力二五ぐらいか。

この三つの能力の関係の変化を十分認識して、自分に今どの能力が欠けているかを検討しておきたい。もちろん、その能力を強化するためである。

できるビジネスパーソンへのステップは、前述のように専門的能力とマネジメント能力を磨くことである。

とくに二〇代には、徹底してこの二つの能力を鍛えたい。少なくともこの二つの能力を身につけていれば、中間管理職としては十分やっていけるからだ。あとは仕事を通じて、自分を磨く算段をすればいい。

ところが、人間的能力だけあって他の能力が劣る人間は、ある意味ではもっとも始末におえない。組織で動くビジネス社会では不適格なタイプで、自分だけでできるような職業を選んだ方が、自分のためにもいいだろう。

3 できる人の性格は世界共通

「できる人」になるためには、仕事上のスキルが身についていなければ話にならない。そしてそれと同じくらいに必要なのは「基本的なものの考え方」だ。どう考え、どう行動すべきか——まずこれをハッキリさせよう。

——できる社員の6つの条件

かつて、経営者として社員に求める資質を明確にしようと思い立った。日本人、アメリカ人を含めて、できるビジネスパーソンを何名か思い浮かべていると、次の六つの資質の重要性が見えてきた。

❶ 行動力がある（アクション・オリエンテーション）

❷ **バランス感覚がある**（バランス）

❸ **創造力に富む**（クリエイティブ）

❹ **断固とした意思決定ができる**（ディサイシブ）

❺ **エネルギッシュである**（エナジェティック）

❻ **柔軟性に富む**（フレクシブル）

その頭文字をとるとちょうど、ＡＢＣＤＥＦとなった。

これらの資質には、一般的に欧米的特質といわれているものもあれば、日本的特質といわれているものもある。

当時、私が外資系企業の経営者だったということもあるが、こうした資質がクローズアップされてきた理由はそれだけではない。外資系企業が日本に進出しているのと同様に、産業空洞化が心配されるほど日本企業も海外進出が進んでいる。

したがって、世間でいわれているほど、欧米企業と日本企業との経営の差異は大きくはないのである。当然ながら、要求されるビジネスマンの資質のグローバル化も進んでいる。

できるビジネスパーソンは、この六つのポイントのバランスがいい人が多い。あなたもこうした資質を身につけることを、会社の要求といった受け身の姿勢でとらえずに、自分自身の課題として積極的に考えてもらいたい。

いうまでもなく、人にはそれぞれ個性というものがある。自分自身の個性や主体性や特徴はしっかりと保ちながら、ＴＰＯに応じてさまざまな考え方や行動を使いわけるセンスと能力を持った人が、これからの企業にはますます必要となる。

Ａ～Ｆの六つの資質をじっくりとかみしめて自分の資質を評価し「自分づくり」を図ってみたらどうだろう。

案外、自分の能力というのは客観的には見えにくいもの。そこで、信頼できる上司や同僚などに、矯正すべき部分のアドバイスを率直に仰ぐといいだろう。

——明るく、積極的な人が結果を出しやすい

振り返ってみるとビジネスマン生活、社会人生活の中で、じつに多くの方とおつき

あいさせていただいている。数多くの交流の中で、「この人は素晴らしいなぁ」と感じさせる人にも数多く接することができた。こうした人に共通するのは、お会いするとこちらが元気づけられるような気がすることだ。

以前、雑誌の取材を受けたあとで担当編集者に、「優れた経営者ってどんな人ですかね」という、ちょっと乱暴な質問をしたことがある。するとこんな答だった。

「いろいろ条件はあるでしょうが、共通しているのはお会いしたときにこちらの気分が充電されて元気になるような人が優れた経営者のようですね。カミソリのように切れる感じで、こちらが圧迫されるほど頭のよさそうな人でも、なんとなく人の〝気〟を奪う人がいますが、これはいただけません」

我が意を得た思いだった。素晴らしい人材は人を〝チャージ（充電）〟して、勇気づけてくれるものなのである。

では、その〝チャージ〟の根源はどこにあるのだろうか？

私なりに分析してみると、周りを引き込んでしまう明るさや積極的なところが、どうもその源のようである。ビジネスも、社会生活も結局は人間としての営みにほかならない。したがって、周りの人間をインスパイアして、明るくできるネアカタイプの人間こそが結果を出せるのである。

別にネクラ人間に恨みがあるわけではないが、私が社員の採用を行なうときには、新卒採用であれ中途採用であれ、ネアカ人間かどうかを重要な要素と考えていたことを白状しよう。多くの経営者と話をしてみても、ネアカ人間であることを重要な要素と考えている人が圧倒的だった。

――不機嫌な顔をしている人は、いい仕事ができない

ところで、ネアカ、ネクラといっても絶対的なものではない。人間は誰でもその両面を持っている。ネアカで通っている人だって、ネアカ部分がネクラ部分よりわずかに上回っているだけのことで、ときにはジメッとしたネクラな態度を取ることだってある。

ということは、ネクラ人間も、そう努力しなくともネアカ人間に変身できそうではないか。

ウィリアム・ジェームスという心理学者が、「悲しいから泣くのではない。泣くから悲しくなるのだ」といったのは有名な話である。このデンでいえば、「ネアカだから明るくふるまうのではない。明るくふるまうからネアカになるのだ」ともいえる。

家族と折り合いがうまくいっていなかったある男が友人に、「家族だからって無視せず、朝起きたときに、大きな声で『おはよう！』と挨拶したらどうだ」と忠告された。最初はバカバカしいと思いながらも、ふとその気になってある朝、「おはよう！」と声をかけてから食卓についた。家族は怪訝《けげん》な顔をしていた。次の朝も思い切ってまた挨拶した。すると、家族からも挨拶が返ってきた。

こうして、抵抗なく挨拶ができるようになった。男は、自然と外でも大きな声で挨拶をすることに抵抗がなくなってきた。やがて、男は家族と和やかに話ができるばかりでなく、会社や近所の人ともうまくつきあっている自分に気付いた。

これは、人から実際に聞いた話である。多少脚色はしてあるかもしれないが、実際に人間というのはこんなものなのだ。つねにネアカにふるまっていれば、周りの人も〝あの人はネアカだ〟という印象を持つようになるのは間違いない。

そうなってくると、自然にネアカにふるまえるようになる。こうして、天下晴れてネアカ人間の誕生というわけである。

「明元素（明るく、元気で素直）人間」になりたいものだ。「暗病反（暗く、病的で反抗的）人間」では人がついてこない。

ネアカ演出の一手段として、私は毎朝会社に行くとまず洗面所の鏡を見て「笑顔」をつくってから、明るい顔で社員と接するようにしている。二〇年来の習慣である。

周囲に不機嫌な顔を見せる人には、いい仕事などできるはずがない。

――いい社員か、いい職場かは挨拶で決まる

挨拶の話を続ければ、私自身もどの職場で、どの立場で働く場合でも、意識的に大きめの声で、こちらから挨拶したものである。

小さな声ではそれだけ自分に自信がなくなってしまうし、周りの人間からも自信なさそうに見られてしまう。大きめの声の挨拶に、シャキッとした姿勢とニッコリとした笑顔があればなおいい。

私自身もネアカ人間のつもりだが、気分が落ち込んだときだってある。そんなときには、「スマイルカード」という鏡のついたカードで笑顔を作ってから、人と接した。人に顔色を読まれるような無様な真似だけはしたくなかったからである。

不思議なことに、作った笑顔が自然の笑顔に変わって、気分も明るくなってくる。外面は内面を律するのである。

もっといえば、いい社員か悪い社員か、生き生きとした職場か暗い職場かを判断をするのに、私は挨拶がキチンとしているかどうかをあてはめてみている。社員間はもちろん、来客に対する挨拶がキチンとしている会社は、活性化されている職場だし、信頼がおける人たちが多い職場でもある。

挨拶の基本を考えてみたい。私は「大きめの声」「スマイル」「アイ・コンタクト」の三つをあげたい。

張りのある声でニコッとしながら、相手の目をしっかり見て挨拶する。これが最高の挨拶である。それだけ真剣にコミュニケートしようとしていることがわかるからである。

4　できる人は肯定的に考えるクセがついている

ビジネスパーソンは評論家とは違って、シビアな「結果責任」を持っている。ご託宣を並べ立てても全く意味がない。有能な「結果責任人間」であるためには、どんな発想、考え方が必要になってくるのだろうか？

——思い通りの人生を歩む「どしたらできる族」

ネアカ人間は楽観的でプラス思考の持主が多いようだ。ネアカだからプラス思考になるのか、プラス思考だからネアカになるのかわからないが、プラス思考を身につける効果は想像を絶するほどに大きい。

私たちは知らず知らずのうちに、肯定的に考えたり、否定的に考えたりしている。だが、あなたがこれから自分を伸ばしていこうという人間ならば、肯定的に物事を考えるクセをつけたい。ナポレオン・ヒルはじめ識者がいっているように、「人生は自分の思い描いた通りになる」傾向が強いからである。

あなたの今の境遇はよくも悪くも、過去にあなたが思い描いた結果である可能性が強い。

つまり、今思い描いているあなたの将来は、かなりの確率で将来のあなたの姿なのである。

そうだとすると、マイナス思考のあなたの将来は限りなく暗いものになってしまうではないか。

自分にはこんな明るい未来があるのだ。だから、こんな努力をするのだ。こんなプラス発想ですべて考えれば、多少高望みの目標であっても実現する可能性は強いのである。

では、プラス思考とはどんな考え方から生まれてくるのだろうか?

人間は、よほど意識していないと「……だからダメだ」というマイナス思考の「だからダメ族」の仲間入りをしてしまう。「だからダメ族」の発言は、理路整然としていて、一見もっともらしい。だが、それだけでは三流の評論家なみ。現実のビジネスシーンではマイナスになっても決してプラスにはならない。ダメだといって何もしなければ、結果が生まれるはずがないからだ。

そうした思考を振り切って、「どうしたらできるだろうか？」と考えるように意識してもらいたい。優秀な経営者やリーダー、社員は例外なく「どしたらできる族」である。そうした思考法が体に染みついている。

もちろん、「どうしたらできるか？」と考えて実行しても、必ずしもいつもうまくいくわけではない。だが、「うまくいく可能性」は限りなく広がる。はじめからダメだと決めつけるより少しでも可能性のある方に賭けた方が、単純に損得計算で考えても得に決まっている。

――着実な成果を生む「現状否定・対策肯定」の発想

物事を批判的に見ることが決して悪いというわけではない。

ビジネスの場では、問題は問題としてキチンと把握しなければならない。そんなときには、タテ、ヨコ、ナナメから批判的に問題を分析することが必要になってくる。その上で、プラス思考で前向きに取り組む。プラス思考で徹底的に考え抜いて前向きな解決策を追及するわけである。私はこうした態度を、「現状否定・対策肯定」といっている。

たとえば、よくいわれるグラスと水の関係。半分まで水の入ったグラスを見て、「まだ、半分もある」と考えるのがプラス思考で、「もう、半分しかない」と考えるのがマイナス思考といわれている。だが、私はビジネスの場では「もう、半分しかない」と考えて、「だから、水を注いでおこう」と考える姿勢も必要だと考えている。これが、「現状否定・対策肯定」の発想なのだ。

クリティカル・シンキングという発想がよくいわれる。批判的な見方というわけだが、自分なりの座標軸を確立した上で、その基準で判断するということである。私のいう現状否定の部分は、このクリティカル・シンキングの発想と重なるといってもいいだろう。プラス思考のつもりが、ただの甘い期待になるのを防ぐためにも、こうした発想を持つことが必要なのである。

――自責こそが人を成長させる

　業績が芳しくない部門の営業担当にその原因を自己分析してもらったことがある。すると、「宣伝費が足りない」「営業担当者の数が少ない」「販売目標が高すぎる」「卸店が協力してくれない」「流通体制が悪い」「価格体系が悪い」……と問題が続出した。第一線で活躍している営業担当たちの考え方がわかって興味深かった反面、一抹《いちまつ》の物足りなさを感じた。

　営業不振の原因を分析しろといったわけだから、さまざまな欠陥を抽出されるのはいいことである。だが、こうしてあがってきた問題点はすべて、「お前（会社・他人）が悪いのであって、自分の責任ではないよ」といっているのと同じだ。つまり、「他責」のみがクローズアップされている。

「自分（たち）のこうした部分の努力が足りない」といった「自責」の意見はひとつとして出てこなかった。こんな状況では、営業成績が伸びるわけはないとヘンに納得できた覚えがある。

アメリカの会社が同じような要望をリストアップして、徹底的に問題を洗い出したことがある。

その結果、本社が自ら改革すべき問題点は全体の約二割にすぎなかった。残りの八割はまったく改革の必要がなく、現場の当事者の工夫によって相当程度までは解決できるものだったという。

どんなことでも、一〇〇%自分の責任ということはないが、逆に一〇〇%他人の責任ということもない。どちらにもそれなりの責任がある。実際にはどちらが何%責任があるかを計測できないのをいいことに、人間は他人に責任を転嫁しがちなのだ。

しかし、それを続けていては、自分の能力を高める機会は永遠にやってこない。その場しのぎにはなっても、長期的視点から見ると何ひとついいことはない。

できるビジネスパーソンは是々非々でコトに当たっている。ヒトやモノやコトの判断に際しては、「自責」の感覚で対処しているものだ。相手を責める前に自分が考えるべきことを考え、やるべきことをやったかを省みる。この順番を逆にしてはならない。

自責の姿勢こそ前向きであり、自分の成長にも役立つ発想である。

ちなみにトルーマン大統領は、「すべての責任はここで止まる」（"The buck stops here."）と「自責宣言」をしている。

――仕事に対する強烈な責任感はこうして生まれる

「われことにおいて後悔せず」といったのが宮本武蔵である。しかも、六十数回も仕合をしたが、一度も負けたことがないと豪語している。それだけ自分に頼むところが強く、強烈な自負心を持っていたのである。

実はこの武蔵の経歴ははっきりしていない。巌流島の決闘の後、関ケ原の合戦では西軍の一員として敗戦を経験したとか、天草の乱に幕府軍に混じって従軍したというのは、あくまで想像の世界の話のようである。

だが、細川家に提出した文書には、若い頃に六十数回仕合をして一度も負けたことがなかったということは記してあるという。このように不明なことの多い武蔵だが、その『五輪書』は彼の人生の集大成であることは事実だ。人間としてのひとつの完成された武蔵の姿が見えてくる。

武蔵はなぜ、その境地に至ることができたのだろうか？

私は、その根源は「われことにおいて後悔せず」という言葉と姿勢にあったのではないかと考えている。こう考えることによって、つねに自分の一つひとつの行動を慎重に吟味するようになるし、その結果に対する強烈な責任感が生まれてくる。この積み重ねが、武蔵を単なる武芸者としてのみならず、一人の人間として成長させていったのだろう。

武蔵を成功者とみるかどうかは判断がわかれるかもしれないが、少なくとも自分の人格を高めていく面では成功したといっていいだろう。その原動力となったのは、つねに「後悔しない」と自分にいい聞かせていたことにあるに違いない。現代を生きるビジネスパーソンにも、おおいに通じる話ではなかろうか。

――勝者の言葉で発想も行動も変わる

ひるがえって身近なビジネスの世界を見ると数多くの成功者、勝利者を探すことができる。では、彼らの成功の要因はなんだったのだろうか？

私の知る限りでは、ホンの数名の天才的な人物がいることはいるが、ほとんどの人は、能力そのものにはそう大きな開きはない。

だが、同じような能力の人間が、一〇年、二〇年と月日を経るにつれて、地位や収入、能力などさまざまな面で天と地ほどの差が開いてくるのも事実なのだ。

やはり、能力に違いがあったのだろうか？

私は決してそうは思わない。

成功者といわれている人に共通しているのは、ネアカな態度とプラス思考であるのは前述の通りである。

こうした態度から発せられる言葉はやはり肯定的なのである。宮本武蔵が「われことにおいて後悔せず」といったように、成功者、勝者が発する言葉を聞いていると、つねに肯定的で積極的である。

私はこれを「勝者の言葉」と呼んでいる。おそらくあなたの周りの優秀な上司や先輩たちにも、次のような言葉が多いことが実感としてわかるはずだ。

「勝者の言葉」と「敗者の言葉」を対比して紹介しよう。

◎ 勝者の言葉

「自分には運があった」（肯定的）
「やります」「やりません」（鮮明）
「何とか時間をつくりましょう」（積極的）
「私が間違えました」（自責）
「他の方法を探してみよう」（革新的）
「きっとできるよ」（楽観的）

× 敗者の言葉

「自分には運がなかった」（否定的）
「う〜ん」「まぁ……」（不鮮明）
「時間がないからできません」（消極的）
「私のせいではない」（他責）

「いつものやり方でやろう」（保守的）
「きっと、ダメだろう」（悲観的）

普段なにげなく使っている言葉でも、これだけ違ってくる。

同じ問題に直面した場合を考えてみよう。これだけものの考え方が違うと物事に取り組む姿勢も当然違ってくる。

仕事とは、選択と決断の連続である。である以上、選択時には小さなマイナスであっても、それが積み重なってしまうと、結果的には大きな違いとして現れてしまうのも当然のことになる。

実際、勝利者の言葉を使い続けることによって、人は発想自体も肯定的になってくるものである。

あなたも意識して「勝者の言葉」を発し続けてもらいたい。そうすることによって、プラス思考はより強固なものとなって、行動も肯定的に変わってくる。簡単なことなのだ。これが、「できる人」への王道なのである。

企業再建の神様といわれた早川種三氏にこんなエピソードがある。

あるとき、再建のために腹心の部下をつれてある会社に乗り込んでいった。部下に新人事案を極秘で作成させたところ、その部下がとんだミスを犯してしまった。

新人事案をコピーした際に、その元原稿をコピー機の中に置き忘れてしまったのである。慌てて取りに戻ったが、時すでに遅し。原稿はなくなっていた。

いくら「再建の神様」といわれていても早川氏は、社員にとってはあくまで「よそ者」である。よそ者が作った人事案に反発を感じている人間も多いところに、そんな大事なものを置き忘れるようでは信頼できないと総スカンをくっても仕方がない。部下が青くなって早川氏に知らせにいくと、彼は平然としてこういった。

「すぐに、いろいろな人事案をコピーして社内に配ってしまえ」

唯一の案なら極秘にしなければならないが、数多くある草案のひとつならばそう大切に扱わなくても構わないという発想である。こうして、部下のミスは自然消滅していった。

――アメリカのマスコミをうならせた幕末ニッポン人

一八六〇年五月、日米間で重大な交渉が行なわれた。徳川幕府とアメリカ合衆国との間で交わされた日米修好通商条約に付随する交渉である。それは、フィラデルフィアで行なわれた米ドル金貨と小判との交換レートの改定である。

交渉の主体は小栗忠順《おぐりただまさ》。ドル金貨と小判との交換レートを、金の含有量によって正確に決めるように提案した。しかも、両国貨幣に含まれている金以外の貴金属の含有量も価値として認めることも主張した。当時のドル金貨には銀などの含有量は少なかったが、小判にはかなりの量の銀が含まれていた。

アメリカ側にとっては自国の不利になることを認めることはできない。当然、猛反対した。理由は、技術的に無理だとのこと。だが、事前に調べてきた小栗忠順は、技術的な面は問題ではないことを知っていた。

振り返ってみると、当時は日本の金と銀との交換比率は、欧米とは違って金より銀の方が有利にできていた。そこで、欧米人は国外から銀を持ち込んで小判を海外に持ち出していた。その量は一〇〇万両に及ぶという試算もあるほどである。

遣米使節の他のメンバーは、せっかく条約を結んだところだからコトを荒立てなくてもいいだろうと小栗を諫めた。だが、こうした状況を背景にしているだけに小栗は引くことができなかった。

小栗の主張は、「間違った交換レートを受け入れて日本側は巨額の損失をこうむっている。日米修好通商条約が有効に機能するためには、正確な交換レートを確定することだ」ということだった。

その主張の正しさを受け入れたアメリカ側は連邦造幣局で検査して、ドル金貨と小判の交換レートを検査結果によって再評価した。

こうして、大国アメリカに乗り込んで、堂々と自説を主張した小栗は、目標としていた交換レートの適正化という重要な課題をクリアしたのである。

――胆識《たんしき》を持った人材が必要とされる

小栗忠順や早川種三氏の見せたような的確な状況判断と、腹の座った決断、行動力を、東洋哲学では「胆識《たんしき》」という。

ちなみに、当時のアメリカのマスコミは小栗の行動を高く評価している。通貨の交換レート交渉というきわめて高度な経済問題に対して、十分理解し、きっちりと主張する姿勢がフランクなアメリカ人気質にマッチしたのだ。その意味ではアメリカでも東洋哲学である胆識は十分通用するといえる。

現代のビジネスパーソンにとって、知識が重要なのはいうまでもない。さらに、知識だけでなく見識を備えていてほしい。そして、その二つに加えて胆識を身につけてもらいたいのである。

ビジネスパーソンにとって知識とは、情報やデータをしっかりと持っているということである。

だが、知識があるだけでは物知りの域を出ることはできない。

そこで見識が問われることになる。見識とは、知識にPOV（ポイント・オブ・ビュー＝自分の考え方）を付加価値としてプラスしたものである。

たとえば、温度が何度で気圧が何ヘクトパスカル、風速何メートルといったデータを持っているのが知識である。こうしたデータから、この分では夕方から雨になりそうだなと自分の考えを加えると見識となる。

胆識は、見識にさらに決断力と実行力がプラスされなければならない。雨になりそうだから、家を出るときには傘を持って出ようと決めて、実行に移すのが胆識である。

物知りや評論家や批評家集団では、会社は動かない。

物事を決定し、それを実行に移せる人間、そこに障害があればすぐさま乗り越えられるだけの臨機応変さを持った人間。企業はそうした胆識者を必要としている。

2 章

できる人はいつも
明確な“目標”を持っている

5 できる人は入社一年目からすでに同期に差をつけている

マラソンでレースに勝つには、ゴールとコースを知っている必要がある。あなたの人生のゴール（目標）は何だろうか。ただやみくもに走っていないか。一度しかない人生、自分の運命と目標は自分で決めよう。

――「具体的な目標」のない人は、決して努力を続けられない

エジソンは「天才とは一%のひらめきと九九%の努力である」といった。エジソン自身は「一%のひらめき」の重要性をいいたかったようだが、世間ではむしろ、「九九%の努力」の重要性を語ったものとして認識されている。

私は、その両者が重要だと考えている。ただし、「ひらめき」というのは天才として

の生まれつきの才能ではなく、「経験」「勘」「度胸」の「ＫＫＤ」に基づいたものという意味だ。

努力だけでは物事は解決はしない。だが、努力することができない人間には、大きな成功を呼び込むことはできない。

そしてその努力は、目標がなくては維持できないものである。これが目標を持ってもらいたいと、若い人にいつもいっている理由だ。

よく「楽をして、楽しみながら成功する」「仕事を楽しんで進められる人が結局は強い」というが、楽をしたり楽しんだりする段階に至るまでには、それなりの努力が必要なのである。

とくにビジネス社会に飛び込んできた若者にとっては、二〇代の過ごし方、あるいは最初の一〇年間が、その後の人生を完全に変えてしまう。

その期間を、自分なりの目標を持ってその達成に向けて努力をしながら過ごした人と、何の目標もなく無為に過ごした人とでは、その差がどれだけ開くかしれない。一旦差がついてしまうと、それを埋めることは不可能に近い。

したがって、目標を持つのは早ければ早いほどいい。その結果は昇収、昇格という形で、遠からず必ず表れる。

現在の企業経営では、人材育成が経営に成功するための大切な鍵であることに変わりはないが、その内容は変わりつつある。いわゆる年功序列制や終身雇用制も崩壊しつつある。

これは、必ずしも景気がいいとか悪いとかいうこととは関係がない。大きな時代の流れとして、その方向に向かっているということである。

そんな時代だけに、最初の四～五年間でマイナス評価をされると、ビジネス社会で生き延びていくことすらできなくなってしまうかもしれない。

何よりも、自分の人生を実りあるものにするためには、若い頃にさまざまな体験をすることである。

私のいう体験とは、目標に向かって努力することを意味している。こうして生まれた成功体験や失敗体験が、自分を成長させ、ビジネス社会での自己実現を可能にしてくれるのである。

――成功者は常に「目標メモ」を持ち歩いている

アメリカの心理学者の調査によると、世の中には約三％の「成功者」がいるという。この調査の成功者の定義は、「物心ともに飛び抜けて豊かな人」ということである。

さらに、残りの九七％のうち一〇％は物心ともに比較的余裕がある生活を送っており、六〇％はその日暮らしに近い人、残りの二七％は何らかの援助を必要としていた。

日本の場合は多少は違ってくるかもしれないが、飛び抜けた成功者が三％程度というのは恐らく変わらないだろう。

では、こうした差はどこから生じてくるのだろうか。

実は、成功者の三％に属する人たちは、具体的な目標を紙に書いて、つねに持っていて、着実に実行に移していたのである。

次の一〇％の人々も、紙に書いてはないが心の中に具体的な目標があって、その実現を図っていた。

残りの大多数は、具体的な目標は皆無。その代りに、「こうなりたい」「ああなりたい」「これが欲しい」「あれが欲しい」といった類の「願望」は数多く持っていた。「目標の有無」――この単純なことが、長い時間を経るうちに、これほど大きな差を生んでしまうのである。子供のころから聞き慣れたこの「目標」という言葉だが、それが社会に出てからどれほど重要なのかを一生気づかずに終わってしまう人が、圧倒的過半数を占めるということである。

いま、このことに気がついたあなたは、とりあえず成功者の「三%クラブ」入会へのパスポートを手にしたところといってもいいだろう。実際に入会するためのアクションを起こすかどうかは、あなた次第なのである。

――「〜したい」だけでは、いつまでたっても実現しない

終戦直後、私の住んでいた町にもGIたちが颯爽と風を切って走っていく姿が見られた。何ともカッコがいい。

こんな光景を目の当たりにした小学校五年生の私は、「これからは世界が相手だ」と感じたものである。子供ながら、「世界を股にかけて活躍する国際ビジネスマンにな

りたい」という思いがわきあがってきた。小学校時代から英語の勉強に身を入れるキッカケはこの願望だった。

当時はただの「願望」に過ぎなかったこの思いを、私はやがて、

「英語をマスターしよう」

「マーケティングのプロになろう」

「同期のトップを走ろう」

「四五歳までに社長になろう」

とカタチを変えて、具体的な人生の目標へと育てていった。願望の強さが、目標の重要性を気づかせてくれたわけである。

「三％クラブ」に入会できたかどうかは別として、自分自身にとっては大いに意義のあるビジネスマンライフを送ることができ、また現在でも続けていられるのは、このときの「願望」を「目標」として育てて、着実に行動に移していったからではないかと思っている。

――〝目標の大切さ〟を忘れないために必要なこと

ところで、あなたは明確な目標を持っているだろうか？

あるいは、これまでの話で目標を持つことがどれほど大切か、わかっただろうか？

もしまだなら、私はあなたが目標を持つ気になるように説得しなければならない。

そんなときにこんな説得をすることがある。

「あなたの会社には経営計画がありますか？」

講演会などでこう質問すると、一〇中八、九は「イエス」。当然のことである。

そこで、さらにこう質問する。

「あなたの働いている会社と、あなた自身とでは、どちらの方が大切でしょうか？」

二、三秒の間があったとしても、「自分の方が大切だ」という結論が出てくるものである。実際に、これまで数百人にこの質問をしたが、「会社の方が大切だ」といい切った奇特な人はただの一人しかいなかった。

あなたが、例外的な人でないという前提の上で、会社より自分が大切だという結論が出たとしておきたい。

こうした結論が出たところで、こう説得することにしている。

「自分より重要でない会社に事業計画があって、それによって発展、成長をめざしています。それなら自分にとってもっとも重要な自分自身のために、長期計画やアクションプランがないというのはおかしいではないですか？」

自分より大切でない会社を一所懸命成長させて、自分自身を成長させないのはもったいないと詰め寄ってから、

「計画を立てるまず第一のトッカカリが目標なのです」

と迫る。

この説得話法とアプローチで、「目標を持つことの重要性」をあなたに納得させたいと思っているわけだが、この私の目標、はたして達成することができただろうか？

6 できる人は実践している3つの「生きた目標」の立て方

誰でも成功者になりたいと願ってはいるだろうが、「成功の方程式」を知っている人は極めて少ない。そのためずいぶん遠回りな努力をしている。本書を読んだあなたは、今日からこの「方程式」を実行に移してほしい。

――方向を誤ると、どんな目標も意味がない

私がはじめてビジネスの世界で立てた目標は、「同期入社の中ではつねにトップを行く」というものだった。

いま考えてみると具体性に極めて乏しいが、あえてよくいえば、若者らしい上昇志向にあふれている。もちろん、トップを行っているかどうかは、昇進や昇給、資格取

得など具体的な部分で自分なりにチェックしてきた。

その結果、二八歳で課長になった。外資系企業の人事はかなり思い切ったことをする場合がよかれあしかれ多いが、それにしてもこれはかなり早い昇進だった。これも私が目標に向けて努力し続けたからこそと思っている。目標なしにこの結果が出せたかというと、到底無理だったといえる。

ところで、私と同様に目標を持っている人でも、その目標に近づくことができない人がいる。

自分では、しっかりとした目標を持って、その実現のための計画を立て、アクションプランにそって熱意を燃やし続けている。傍目からは日々の行動も厳しく律している。こんな努力にもかかわらず、いっこうに報われることがないのである。

こうした状況が続くと、不安や自信喪失から、目標を達成しようという意欲そのものがだんだんと薄れてきてしまう。こうして、目標そのものをギブアップしてしまう人さえいる。

いったいこの原因は何なのだろうか？

私には二つの原因が考えられる。

まず、第一が後述する成功の法則でいうところの「方向」の間違いである。つまり、目標に向かって進んでいるつもりが、いざ実行に移すとなると方向づけを誤ってしまったことによって、見当違いの方向に向かってしまったのである。努力すればするほど、目標から離れてしまうという皮肉な結果である。

私の知り合いの中年社員の話をしよう。彼は若い頃から、将来は経営職に就きたいという希望を持っていた。

ところが若いときに与えられたのが営業職。それなりに一所懸命に取り組んだのはいいが、中途半端に重宝がられたため、営業職にドップリつかる結果となり、本来の大目標を達成することはできずに終わってしまった。

誰でも上司に目をかけられればうれしいものだが、肝心の自分の大目標を忘れてしまっては何にもならない。

自己実現を成し遂げている人というのは、この点を何があっても決しておろそかにしなかった人々なのである。

そして二つ目の原因が、「死んだ目標」を立ててしまったことである。「俺も、いずれはトップに」と意気込んでも、そのために「具体的」に何をするかという行動計画がないためにかけ声だけで終ってしまう人が大半である。

――期限・アクション・評価が生きた目標の3条件

目標には生きた目標と死んだ目標がある。これが、私の体験的な結論である。死んだ目標とは、ぼんやりと「こうなったらいいな」を考えているだけのあいまいなものや、ただの願望にすぎないもの、実行のためのアクションプランを伴っていないもの……などだ。

ところが、こうしたあいまいなものや願望にすぎないものでも、少し絞り込んで期限を区切って考えてみると、生きた目標へと変身する。期限を区切ったことによって、イメージが明確になって、実行可能なアクションプランが生まれてくるからである。

では、目標を生きた目標とするためにはどうしたらいいだろうか？　私は次の三つの条件をクリアすればいいのではないかと考えている。

❶達成期限が設定されている
❷アクションプラン（行動計画）が伴っている
❸達成状況を評価するシステムがある

この三つの条件のうち、ひとつでも欠けるものは、単なる「願望に毛の生えたもの」にすぎない。目標を持っているあなたは、この三つの条件に照らし合わせてみてもらいたい。

こうして目標を持つと、普段の生活でも問題意識が敏感になってくる。見たり聞いたりしたものに対する感覚が鋭敏になるのである。問題意識の薄い人には何もないように見えるところからでも、何かを考えたり、新しい発想のヒントがみつかったりということが起こってくる。

こうして毎日の生活が活性化してきて、張合いがでてくる。ますます目標を自分のところに引き寄せることができるようになる。

――他人との比較にこだわらない

まず第一に、自分の最終到達目標（長期目標）を立てること。

若い頃、ビジネスマンとしての私が立てた目標は、「四五歳までに企業のトップになる」ことだった、というのはすでに述べた。社長ではなく企業のトップとしたのは、外資系企業の場合、日本法人のトップが必ずしも社長とは限らなかったからである。これが私の長期目標だった。あなたも長期ビジョンに基づいた長期目標を、まず考えてもらいたい。

長期目標の実現までに長い時間を要する場合には、中間点である三年後、五年後にはどうなりたいという到達レベルやポジションなどを明確にしておく必要がある。これが中期目標ということになる。あくまで最終目標を達成するための確実なステップとしての目標を定めておきたい。

長期目標、中期目標ができたら、次は当面する一年間の短期計画を立てる。

これはできるだけ具体的にする必要がある。ある分野の専門書をいつまでに一〇冊読んでレポートにまとめるとか、英語をブラッシュアップするために英検1級めざして勉強する、セミナーに参加して特定分野の人脈を広げる……といったように、中期目標、長期目標の実現のためのステップとなるものにしたい。

あくまで目標は、「自分にとって価値のある」ものでなければ意味はない。他人との比較にこだわる必要はない。

自分にふさわしい最終到達目標を立てて、短期計画、中期計画とひとつずつクリアしながら、その実現に近づいていく。

これができれば、自然と成功者の仲間入りができる。

7 できる人は「いつまでに、何をすべきか」がわかっている

一口に「目標」といっても、「正しい目標」と「間違った目標」がある。ここで紹介する「正しい目標を立てるポイント」をキッチリ理解すれば、自分でも驚くほどの効果が必ず現れる。

――自分にとって価値ある〝目標〟であることが重要

成功するためには、成功とは何かを知らなければならない。私が信じている成功の定義のひとつに次のようなものがある。

「成功とは、自分にとって意義のある目標を事前に設定して、段階を追って実現すること」

この定義からわかるように、「自分にとって意義のある目標」が重要なのである。自分が達成した目標が、はたから見てどんなに素晴らしいものであっても、当人にとって価値のないものであったとしたら、成功したとはいえまい。たとえば、研究志向の人がトップマネジメントにのぼりつめても、それが本人の成功とはいえない。むしろ、研究に専念できる環境を獲得することの方が、その人にとっては本当の意味での成功となるかもしれない。

必ずしも出世と成功とは一致しないのである。

自分にとって価値のある目標を達成するために、私自身が試みていたのが、次に紹介する「成功の公式」である。

成功＝情熱×方法×時間

つまり、情熱をもって一所懸命に、正しいやり方で努力すれば、成功できるという意味である。ところで、この公式を構成する三つの要素の重要度は必ずしも同じではない。

——コンスタントに〝やる気〟を出せる人は誰よりも強い

まず、第一のポイントが「情熱」。やる気があってはじめて、目標を達成しようという意欲が湧いてくるわけである。

なお、ビジネスパーソンには三つのタイプがある。

自ら火をつけて燃えられる人（自燃型）……三～五％
人から火をつけられれば燃えられる人（他燃型）……九〇％
人から火をつけられても燃えない人（不燃型）……五～七％

もちろん、この分類は固定的なものではない。たとえば、あるテーマに関しては自ら燃えられる人が、他のテーマでは人から火をつけられても燃えられないということはある。

だが、一般的にいうと、自ら燃えることの多い人間は、どんなテーマでも燃えやすいものである。意識的に自ら燃え、人にも火をつけていくように努力したいものだ。これはリーダーの重要な条件のひとつともいえる。

余談になるが、第四のタイプというのもある。それはせっかく燃えている人に水を差して、燃えている火を消してしまう人である。こんなダメな管理職が世の中にいることも事実である。

あなたはやる気の火付け人として、周りの人に火をつけていってもらいたい。そのためには、まず自分の心の火を燃やすことである。

——自分自身の「意義ある目標」は自分で定める

前節でもふれたが、「方法」や「方向性」も重要になってくる。時間や情熱は長ければ長いほど、強ければ強いほど、成功に貢献するが、方法や方向性をひとつ間違うとマイナスの結果を生ずることになりかねない。

たとえば、全身全霊を傾けて、自分の使える時間のすべてを投入して努力を重ねたとしても、狙った方向を誤るととんでもないことになってしまう。射撃でも弓道でも、隣の的を狙って打ってしまって百発百中しても、得点は零点である。零点ですめばいいが、ビジネスの世界ではマイナスになってしまうことが多いのだ。

方向も知らずに目標に向かって努力することは、ガイドもなしに不案内の土地を額に汗して歩いているようなもので、目的地につくことはおぼつかない。

かりに目的地につけたとしても、それは「たまたま」以外のなにものでもない。まず、最初に「どちらの方向を向いて、何をやるのか」を明確にしてから、目標に向かってチャレンジする必要があるのだ。

つまり、情熱を持つことができた人にとっての次のステップは、「自分にとって意義のある目標」が何であるかを自分自身で決めることである。

目標は具体的でなければ、方向性を決めることができない。後述するように具体的な目標を立てたあとは、行動計画を立てて、持続性(時間)を持って、それに取り組んでいけばいい。

8 できる人は「願望」を「目標」に昇華させている

目標は具体的でなければ意味はない。「こうなりたい」という夢や願望をどれだけ細かいプランに落としこんでいけるかで、すべてが決まる。そして「具体化」にもいくつかのポイントとノウハウがある。

――あなたの「目標」を明確にする「5つのK」

目標が明確な人にとっては、あとはその実行に向けてアクションプランを考えるだけだが、まだ「自分にとって価値のある目標」がクリアになっていない人には、じっくりと考えてもらいたい。

考えるといってもただ漠然と考えていたのでは効率が悪いので、私がこれまでとっかかりにしてきた項目を紹介しよう。偶然、その頭文字はみんなKだった。

❶**会社**……若い人にとっては、この分野から目標を考えることをお勧めしたい。地位や収入、資格、人脈づくり、独立計画などがこれにあたる。あるいは、こんな仕事にチャレンジする、プロジェクトメンバーに抜擢される、などもこのジャンルに含まれる。

❷**経済**……若いうちはあまり金銭的な面を目標にする必要はない。むしろ、手取り収入の五％ぐらいは自分の勉強のために費やしてもらいたいくらいである（「❸教養と心」を参照）。若いうちだったら、そうこだわることはない、もっと大切なことがある。だが、ある程度の年齢になったら、資産や財産形成ということを考えておく必要がある。

❸**教養と心**……若い人には「一日四回メシを食う」ことをお勧めしたい。三回目までは普通のメシで構わないが、せめて一回は「活字のメシ」を食べてもらいたい。心を磨くためである。

私自身は、一日一冊本を買うという習慣を身につけた。「積ん読」の方が多いのは残念だが、絶版になるのが早い昨今では、こうでもしないといい本を読む環境づくりはできない。

加えて、その道の一流の人の話を聴くというのも素晴らしい方法である。

❹家族……どういう家庭にしたいのかを改めて考えてみるのもいいだろう。何年後に家族のどういう状況が望ましいかなども目標のひとつとなりうる。

❺健康……若いうちはあまり気にしないかもしれないが、四〇代ともなると健康管理も重要な目標のひとつとすべきだ。若いうちに体の手入れを怠ると、年を取ってからの人生の質が違ってくる。

私はこの「5K」をヒントに、毎年、いくつかの短期目標を立てている。あなたにも、いいヒントになるだろう。若いうちは特に❶会社と❷教養と心、を中心に目標を考えるといい。

――実行できるか否かをチェックする6項目

どんなに素晴らしい目標であっても、実現不可能なものであっては意味がない。そこで、私自身のチェック法も伝授しよう。

❶**容易すぎないか**……あまりにも容易に達成できそうな目標では、達成の喜びはないし、目標として頑張る意義が薄い。

❷**不可能ではないか**……日程的に難しかったり、物理的に不可能だったりするような、実現が不可能な目標では挫折感を招くだけ。

❸**反社会的ではないか**……目標とは自分を高め、しかも社会に貢献できるものでなければ意味はない。ビジネスパーソンには反社会的な目標は不要。

❹**健康面で自信があるか**……目標は一定の期間を経て達成するものだ。健康面で無理が生ずるようなら、計画自体を変更すべき。

❺**家族を犠牲にしないか**……何のために目標を立てるのか？　家族を犠牲にしてま

で達成すべき目標はほとんどあるまい。程度の問題ではあるが、ときにこの点を忘れる人もいるので注意したい。

❻ 長期的に見て経済的なメリットがあるか……ビジネスの場合には、この視点を忘れてはなるまい。長期的というのは、短期的にはマイナスであっても、確実にカバーできるのであれば目標になりうるからである。

さて、あなたの目標は、この六項目をちゃんとクリアできただろうか？　これらのポイントをクリアできた目標であれば、途中で変更や修正をすることがあっても、そう簡単に目標そのものが挫折してしまうことはないはずだ。

——定期的に目標をチェックする

1章で述べた「ＰＤＣＡのマネジメントサイクル」を思い出してもらいたい。目標もキチンとチェックしなければならない。

短期目標は年度の終わりにチェックするが、これは次の新しい計画づくりのための基礎資料となる。

計画通りに達成していれば、翌年にはさらにステップアップした目標を立てることができる。

未達成の場合には、原因を分析して、変更、修正する。場合によっては、翌年に再チャレンジすることになる。

長期計画も時々見直しを行なって必要に応じて修正する。ただし、最終到達目標だけはなるべく変更をしない方がいい。すべての目標の基本だからである。これを修正するよりも、短期計画を長期計画の実現に向けて臨機応変に手直しをしていくのが目標達成のコツといえる。

――〝紙に書く↓持ち歩く↓見る〟が生み出すこれだけの成果

成功者の「三％クラブ」のことを思い出してもらいたい。

この調査では、アメリカで成功者と目されている三％の人たちは、すべて自分の目標が明確で、しかもキチンと紙に書いてあった。目標を達成するコツは、こんな簡単なことなのである。

紙に書くためには、その目標の内容がキチンと吟味されていなければならない。

また、具体的な内容でないと、それをチェックすることも評価することもできない。

そこで、自然と達成しやすい目標へと磨きこまれていくことになる。

さらに、紙に書いてあると、それを目にするたびにやる気が起きるし、ふだんから実行状況をチェックすることもできる。

ただ紙に書いただけで、これだけの好循環が生まれるのである。私自身の経験からいっても、最初はなにげなく目標を紙に書いて張り出していただけだったが、これが図らずもいい効果を生んでくれた。

これもアメリカの話だが、中流階級の経済力に関する面白い調査結果がある。

サンプルは二家族。かりにA家、B家としよう。両家の家族構成、夫婦の学歴、職業、現在の収入、ライフスタイルともほぼ同じである。

だが、数年後には、経済状況は大きく違っていた。

A家には借金がなく、むしろ貯金をしながら豊かに暮らしていた。一方のB家は暮らしぶりは似たようなものだが、貯金どころか借金だらけで、経済的破綻は時間の問題になっていた。

収入も暮らしぶりも同じなのに、どうしてだろうか？

あらゆる角度から調査してみると、ただひとつだけ両家の日常生活の中に明確な違いがあった。

A家では収支をキチンと記録していたのである。そのためお金の使い方が計画的だった。

一方のB家はまったくの行きあたりばったりのお金の使い方だった。

記録する。たったこれだけのことで、「ゆとりある生活」と「破産状況」との差が生まれるのだ。

ビジネスパーソンの目標でも同様である。「ああしたい。こうなりたい」という「願望」を、「目標」へと昇華して紙に書く。これだけで、おのずから自分の行動に変化が生じ、目標が自分のものとなるのである。

9 できる人はリーダー（指導者）の道を選択する

自分の人生には自分で責任を負うしかない。そのためには、自分の人生航路の選択を、自分で行なう必要がある。選択肢は六つある。あなたはどれを選んでいるか。もしまだなら、どれを選ぼうとするのだろうか？


ビジネスパーソンはつねに六つの選択肢を突きつけられている。

まず、会社に留まるか、辞めるかという大きな二つの選択肢がある。

会社に留まった場合には、❶リーダー（指導者）になる、❷スペシャリスト（専門家）になる、❸フォロアー（追随者）になる、の三つの選択肢を選ばなくてはならない。

次に会社を辞めるという選択肢のもとには、❶転社する、❷独立する、❸家業を継ぐ、の三つがある。

――会社を辞めたい人に知ってほしい3つの数字

まず、会社を辞める方から検討しよう。

❶の「**転社**」。ある調査によると、転社してよかったと思っている人はわずか一六％という。

しかも、一度でも転社したことのある人の生涯賃金は、定年まで勤め上げた人の七五％程度にすぎないという。転社自体はそう難しいことではないが、転社によって成功するのがどれだけ難しいのかがわかる数字である。

❷の「**独立する**」。脱サラを企てて自分で仕事をはじめた人の収入は、少なくとも短期的には、勤め人時代のわずか三〇％程度にまで落ち込んでしまうという。独立を成功させるためには、それなりの条件や資格が必要だということである。

❸の「**家業を継ぐ**」。この場合は気持ちの持ちよう次第では成功できるだろう。だが、家業がそもそも構造不況業種だったり、自分に能力がなかったり、いやいや継ぐ場合には成功など望むべくもない。

こう考えてみると、会社を辞めることがいかに難しいことかよくわかる。独立心や、現状を打破しようという意気込みは大切だが、転社や独立によって成功するためにはかなりの準備はもちろん、必死の覚悟が必要なのである。

——これからの時代は「リーダーか、スペシャリストか、お払い箱か」

次に会社に留まった場合を考えてみよう。

❸の「フォロアー（追随者）になる」。私の見るところ、ビジネスパーソンの九〇%はこの層に属している。しかも、その九〇%をさらに二つのグループに分けることができる。

まず、とりたてて能力もないかわりに、ギラギラとした出世意欲や競争意欲も薄いタイプ。周りに警戒心を起こさせないため、じゃまにされることも少ない。その結果、終身雇用制のもとでは大過なく定年まで勤め上げることができた、ある意味ではごく幸せなタイプである。しかし現在では、リストラの危険がつねにつきまとう。

もうひとつのタイプは、同様に能力もやる気もないが、出世意欲や競争意欲だけは強いタイプ。やたらでしゃばって、本人は「出るクイは打たれる」などとぼやいているが、実際には見当外れのことばかりやっている。こんなタイプは救いがたい。

どちらのタイプも、ますます厳しさの増す経営環境の中で、生き残っていくことは難しい。

となると、残る道はおのずから決まってくる。**❶リーダー（指導者）になる**、**❷スペシャリスト（専門家）になる**、の二つである。これからの時代、消極的に考えても、厳しいビジネス社会で自分の仕事を守り、立場を守りながら生き残っていくためには、このいずれかの道を選択しなければならない。

どうせなら、もっと積極的に、仕事を通じて「自己実現」を図るために、リーダーかスペシャリストをめざしたい。

できるビジネスパーソン、さらにはビジネスエリート、スーパーエリートといわれるためには、できればリーダーの道を選択してもらいたい。

リーダーとしての自己実現を図る道を選択することは、自分の人生の幅を広げることにもつながる。

私自身を振り返っても、「同期の中で実力トップになる」という目標を立ててからは、日々の仕事にハリが出てきた。しかも、自分のビジネスマンライフを充実させる転社をすることが可能になったのである。リーダーをめざして実力を磨いている人には、他の会社からも声がかかるというわけである。

いずれ転社しようと考えていたり、独立を視野に入れて仕事をしていたり、家業を継ぐことが義務づけられている人でも、現時点ではリーダーをめざして自分を磨くことが肝要である。

リーダーとしての能力は、むしろ会社を辞めてからの方が必要なわけで、その訓練を給料をもらってやっていると考えればいい。反対に、それを言い訳にフォロアーに甘んじていては、会社を辞めても失敗するのがオチである。

とはいっても、能力や適性によってはスペシャリストの道を選ぶ方が幸せなこともあるだろう。いずれにせよあくまで、「自分にとって意義のある目標」を選んでもらいたい。

3章

できる人の
働き方マニュアル

10

できる人なら押さえておきたい「ユダヤの法則」

同じ時間を使い、同じ努力をするなら、リターン（見返り）が大きい方がいい。リターンを最大化する「八〇―二〇の法則」というものがある。ビジネスのいろいろな場でこれを駆使し、仕事の効果と効率を倍増させよう。

――ツボを知っていれば、面白いほど成果が上がる

仕事を格別に熱心にやっているようでもないのに、素晴らしい業績をあげている。しかも、幅広い分野でそれなりの評価をされている。こんな人が周りにいるものだ。持ち時間は変わらないのに、彼らはなぜ幅広い分野で力を発揮できるのだろうか？

もちろん時間の使い方のうまさもあるだろうが、私には押さえるべき「ツボ」を知っていることが重要な要素のように思われる。

そのツボを押さえることの重要性を裏付けているのが、「入力の二〇％が出力の八〇％を占める」という「パレートの法則」である。別名ユダヤの法則。あらゆることに応用できる法則だけに、覚えておいて損はない。

たとえば、一〇〇人の営業が一〇億円の売上を上げているとする。平均では一人当たり一〇〇〇万円の売上である。

だが、すべての営業が平均の売上を上げているわけではない。実際の数字をみると、平均とは違って、上位二〇人ぐらいの営業の売上が、全体の八〇％、つまり八億円ぐらいを占めているケースが多いものなのだ。私の体験からいっても、そう大きな違いはなかったようだ。

身近な例として、一〇〇本の電話がかかってきたケースを想定してみよう。電話をくれる可能性のある人が一〇〇人いたとしても、その一人ひとりが一本ずつかけてきたということはまずあるまい。かかってきた相手の顔触れを思い出してみると、おそらく約二〇人に集中しているのではないだろうか。その二〇人が全体の約八〇％を占めているはずである。

私はこのイタリア人の経済学者パレートが唱えた法則を、ビジネスシーンのさまざまな場面で応用している。必ずしもパレートの法則そのままではないので、自分では「八〇―二〇の法則」として、物事を考えるときに分けられるものは八〇と二〇に分けて考えているのである。

いくつかの応用例を紹介しよう。

――仕事の効率アップに応用自在の「パレートの法則」

❶効率よく資料を読む

たとえばビジネスのためにある本の内容を把握する場合、律儀に隅から隅まで読んでいたのでは、速読術の大家でもないかぎり時間がかかってしかたがない。

そこで、パラパラとめくって要点らしいところだけはジックリと読むことである。全体の二〇％も読めば、ほぼ八〇％は理解できるものである。

なお、私の場合は「もくじ」を見て、ある程度の見当をつけてから重要そうなところを読むようにしている。永年本を読んでいるとカンが働いて、そのポイントをはずすことは少ない。

❷ 会議を有利に運ぶ

会議などで、意見が割れてなかなか決定ができないことがある。そんなときには、この法則を活用するといい。

一〇人の出席者がいるとすると、そのうち二人が全体に対して大きな影響を及ぼしていることが多い。自分の望む方向に結論を持っていきたい場合には、会議の前に影響力を持ちそうな二人に周到な根回しをしておけばいい。また、大勢に乗ろうということであれば、影響力のある二人の発言に注目してフォローしていけばいい。

❸ 相手を説得する

プレゼンテーションなどで、多くの項目を相手に説明しなければならないことがある。そんなときには、重要と思われる項目をピックアップして重点的に説明する。

項目数は全体の約二〇％、一〇項目で二項目である。重点項目とその他の項目を分けてメリハリのある説明をする方が、総花的に説明するよりは相手の頭にすんなりはいるし、説得力も増してくる。

❹ 仕事を迅速に処理する

ビジネスパーソンの仕事には驚くほど雑用が多い。自分の成長に寄与するような仕事は、月単位で考えてもそう多くあるものではない。だからといって雑用をバカにすることはできない。その積み重ねが大きな意味を持ってくることも多いからだ。

そこで、仕事の優先順位をつけることをお勧めしたい。今日やるべき仕事が一〇あるとすれば、緊急度の高いものから二項目をまず処理する。それができたらさらに二項目……こうしてやっていくと時間が足りないときでも、不思議と八割方はその日のうちにカタがつく。

❺ 仕事を効果的に行なう

仕事は基本的には完璧さをめざすものである。だが、時間との戦いという側面もある。そこで、ときには八〇点でもよしとしよう。ビジネスシーンでは今日の八〇点の方が、明日の一〇〇点に優ることはよくあることだ。明日の一〇〇点が実は零点だったということは珍しい話ではない。ともかく今日の八〇点を確保しておいて、残りの二〇%は後で補えばいい。

❻ コミュニケーション

人との関係では、八〇%は相手の話を聴くという姿勢が重要である。聴くと話すには大きなギャップがあって、自分では八〇聴いているつもりで、相手にはちょうど五分五分ぐらいに感じられるものである。

ほかにも、いくらでも八〇―二〇の法則を使う場面はある。後はあなたのアイディア次第だ。

11 できる人は期待される以上のものを残す

能力のパワーアップを図り、人にも認められるためには、何らかの「差別化」が必要だ。それをしない人は〝その他大勢の中の一人〟にすぎない。ここでは、あなたの「差別化」をどう進めるかを考えてみよう。

――評価に差がつく「10―10フォーミュラ」

同期入社でも、ビジネスパーソンとして人より一歩リードしている人もいれば、一歩も二歩も遅れてしまった人もいる。その差はどこにあるのだろうか？

理由はいくつも考えられるが、ひとつに仕事に取り組む態度がある。方向性さえ間違えなければ、人よりホンの一〇％程度よぶんに努力するだけでいいのだ。

次に自分の実力を上司に認めさせるごく簡単な方法を紹介しよう。これは私が若い頃から心がけていたことで、名付けて「一〇―一〇フォーミュラ」。

たとえば、仕事の内容が一〇で期限が一〇日だったとする。この仕事に対する対応には、いくつかのパターンがある。

△ 普通のビジネスパーソン

❶ 一〇の内容を一〇日でこなす

× 能力・やる気不足のビジネスマン

❷ 九の内容を一〇日でこなす

❸ 一〇の内容を一二日でこなす

❹ 九の内容を一一日でこなす

◎ 優れたビジネスパーソン

❺ 一一の内容を一〇日でこなす

❻ 一〇の内容を九日でこなす
❼ 一一の内容を九日でこなす

同じ仕事を任されても、その完成時の内容（質）、時間などの点で、これだけ違ってくるのである。

――「与えられた仕事を100％こなす」だけで満足しない

さて、仕事を通じて自分の能力アップを図り、人に認められるようになるのにはどうしたらいいのだろうか？

前のパターンに当てはめていえば、当然のことながら❺～❼の優れたビジネスパーソン・パターンで結果を出していくことだ。❺は仕事に付加価値を付ける姿勢で、❻は手際よく仕事をこなす態度である。もちろん❼の手際よく付加価値を付けた結果を出せれば最高である。

こういうと、一〇％の努力どころではないと思うかもしれない。

実際には、❶のように与えられた仕事で与えられた成果を出し続けるだけでも、相当高い評価をされる。こういう部下を持った上司のイメージでは、「際立った仕事ぶりではないが、キチンとした仕事をする部下」という印象だ。

したがって、❶を基本にして、自分の得意分野で❼の結果を出すように努力すればいい。こうすれば、印象度はずいぶんと変わってくる。

ただし、間違っても❷〜❹の能力・やる気不足の仕事ぶりを見せてはいけない。一度でもそんな仕事ぶりを示すと、いっぺんに信頼をなくしてしまう。

とりあえずは❶のパープレイをベースにして、だんだんと❺〜❼の結果を出せるように自分を成長させていけばいい。それが定着すると、「ひと味違った高次元の仕事をする部下」と上司から信頼されるようになってくる。

会社という〝競争市場〟で勝ち抜いていくためには、最小限の要求条件をクリアするだけではなく、ときにはその期待を上回るアウトプットを示すことがポイントとなる。自分自身の付加価値を高めて、信頼感を養ってくれるからである。

私は、仕事をするときにはいつも「よし、一〇—一〇フォーミュラの❼でいこう」

と自分にかけ声をかけてから始めた。こんななにげないことが、やる気につながったものである。

仕事を与えられて、口では「ハイ、承知しました」というものの内心では「いやだなァ」と思っているようでは、能力・やる気のないパターンに落ち込んでしまう。

ところが、付加価値を意識した一〇―一〇フォーミュラでいこうと決意すると、おのずからそれに見合ったアクションプランをつくることになる。ただ単に「急いで片付ける」のではなく、具体的な目標や予定を細かく立てて消化するようになるのだ。2章でも述べたように、目標がきっちり決まっていれば、仕事のはかどり方は格段に違ってくる。

こうした結果の積み重ねによって、上司からも「あいつは他の部下と違う」と差別的評価をしてもらえるようになる。

しかも、効果的な仕事を効率よくやるノウハウがおのずから身についてくるというメリットもある。これが実に大きい。

私はこれまで数えきれないほどの若手社員を見てきたが、よほどのことがない限り、職務遂行能力にそれほど極端な差はない。

それがこれだけの違いとして結果に現れてくる。これは仕事に取り組む態度の違いとしか考えられない。

上司は見ていないようでも案外よく見ているもの。まったくできそうもない仕事を部下に与えるわけはない。どんなに難しそうな仕事であっても、できると見込んで頼んだわけである。

難しそうな仕事をクリアすることは、自分自身の成長にもつながってくるし、ホンのちょっとした努力をするだけで、会社に評価されるようになる。そう考えれば、やる気もわいてくるではないか。

12 できる人は素早く的確な決断ができる

「タイム　イズ　マネー」というが、ビジネスでは「タイミング　イズ　マネー」であることが多い。明日の一〇〇点よりも今日の八〇点の方が望ましいケースは珍しくない。タイムリーな決断のコツを伝授しよう。

――経験不足は、こうしてカバーできる！

いつものんびりとお茶を飲んでムダ話をしているだけのようなマネジャーが、いったんコトが起こると、慌てふためく周りの部下たちを尻目に、テキパキと手を打って巧みにトラブルを回避するといったシーンを見ることがある。

マネジャーの決断の速さには、これまでのビジネス体験の裏付けがある。

だが、意思決定のメカニズムを知っておけば、あなたが若いゆえに体験が少なくても、自信を持って決断ができるようになるだろう。

そこで、私の体験から生まれた意思決定のメカニズムを紹介しよう。

決断には、「DI＋三K」が必要だ。

まず、最初のDはデータ。次のIはインフォメーション。これはナマ情報や加工情報である。むやみやたらに判断するのではなく、集めうるだけのデータや情報を集めておこうというわけである。

そして、次の三Kは「経験」「カン」「根性」という自分自身の感覚である。もちろん、若いあなたの場合は、経験が少ない分だけ、上司や先輩の経験を情報としてインプットすることが必要になってくる。

根性とは、「計算されたリスクを冒す勇気」のこと。蛮勇を振るうのではなく、十分なリスクマネジメントを行なった上で決断するということである。

――〝決断〟に生かす「80―20の法則」

「適時の一針は、九針の手間を省く」というのはベンジャミン・フランクリンの言葉である。

ずるずると決断を伸ばしてチャンスを逃してしまうというのは、案外よくあることではなかろうか。

前述の「八〇―二〇の法則」にてらしてみて八〇の可能性があるなら、とりあえず決断するだけの勇気を持とう。完璧を期すばかりに、ビジネスチャンスというバスに乗り遅れてしまっては、結果はゼロで、これまでの努力が水の泡になってしまう。

したがって、情報がないから決断ができないというのは、理由にならない。情報だけで判断が下せるのであれば、それこそ情報センターを利用すればいいわけだ。そうでないからこそ、自分の判断という人間臭い部分が重要になってくるのである。

13 できる人は問題解決の絶対法則を心得ている

優れたビジネスパーソンは、優れた問題解決者でなければならない。何か問題があったとき、すべて上司に任せてしまうようでは先行きは暗い。問題解決のための考え方と方法の真髄を、今日から自分のものにしてしまおう。

ビジネス現場では、大小さまざまな問題が生ずる。それをいかに解決しながらビジネスを進めていくかで、その人の能力が判断できる。

では、問題に直面したときには、どう対応したらいいのだろうか?

私は、ビジネスパーソンは、物事を行なうときに「右手にコンセプト、左手にハウツー」を心がけてほしいと思っている。当然、問題解決のためにも、コンセプトとハウツーのバランスが必要になってくる。

私が永年にわたって考えてきたものを紹介しよう。どちらかというと組織の中での話になるが、この中からあなたなりの「問題解決のコンセプトとハウツー」を見つけだしてもらいたい。

――問題を〝飛躍へのバネ〟にする4つのコンセプト

❶「問題はあって当たり前」という発想

会社の根幹をゆるがすような問題は別だが、事業には積極経営につきものの「健全な赤字部門」と同様に、「健全な問題」があった方が、刺激になっていい。一見、何の問題もないという状況は、社内によどみが生じたりすることもあって、かえって問題である。「管理者とは問題解決者なり」という言葉もある。

❷問題ではなく「改善のチャンス」ととらえる

問題を、問題としてではなく、ひとつの機会としてとらえよう。肯定的な発想で問題をとらえれば、アプローチする姿勢や結果もおのずから変わってくる。「現状否定、対策肯定」の発想である。

私は自分に課した約束ごととして「問題」というかわりに「改善機会」という言葉を使うようにしている。「売上げが悪い、だから問題だ」ではなく「売上げを伸ばすには何をしたらよいのか」という切り口で考えるのである。

❸問題の早期発見・摘出システムをつくる

何か問題が生じた場合、たいていの人間は自分の段階で解決しようと考える。

しかし、早期に上司に問題の存在がわかっていれば、大きなトラブルに発展する前に解決できることも少なくない。

また、部下の教育のためにあえて問題にチャレンジさせるといった、教育チャンスとして活用することだってできる。

問題が生じたときに、その情報がトップまで早く伝わるようなシステムを組織の中につくっておきたい。若い人は、問題が生じた場合には自分のところで処理しようとせずに、とりあえず上司に報告して指示を仰ぐようにしたい。

組織の中でいかに動くべきか、できる人はこの点についても理解している。

❹問題追及の焦点を「人」ではなく「コト」にあてる

問題が生ずると「たまたま」担当した人間に非難が集中しがちである。悪意でやったのが明白の場合は別として、会社のためにやったことで問題が生じた場合には、ヒトを責めるのではなく、「システム、やり方を改善する」という発想でとらえるべきである。そうでないと、同じような問題が人を変えただけでいずれ生じてしまう。

――適切に着実に解決するための5つのハウツー

問題解決のノウハウを理解したところで、次にハウツーを紹介しよう。

❶問題が生じないような状況づくり

何よりも問題が生じないような環境を築きたい。たとえば、私がジョンソン・エンド・ジョンソン社の社長を勤めていた頃は、「QIP（Quality Improvement Process）」という品質向上運動を実施していた。こうして問題が発生する要因を少しでも減らそうという工夫である。

❷問題を仕分けする

自分で解決できる問題かどうかを見分け、自力で解決可能な場合と不可能な場合のそれぞれの対応策を練る。

❸仕分けた内容を吟味する

風邪を例にとれば、解熱剤が必要なのか静養が必要なのかである。

ビジネスの場では、たとえば工場で作る製品に欠陥品が多い場合、その原因がたまたまオペレーターが新人で訓練が行きとどいていなかったのが原因なのか、機械そのものに根本的欠陥があるのかを見極めなければならない。

前者が原因なら、とりあえずの応急処置でオペレーターを教育すればすむが、後者だとすると根本的に機械そのものを改善する必要がある。

問題の性質を見極めて、それにふさわしい対策をすることが重要だというわけだ。

❹問題を数字で把握する

問題を、あるべき姿からの乖離《かいり》ととらえて、それを数字に置き換えて考えてみよう。

たとえば、売上目標が一億円なのに、実績が九〇〇〇万円しかいかなかった理由は？　といった考え方である。ただし、その際にパーセントか、絶対額か、その両者でチェックするのかといった基準の取り方を事前に決めておかないと混乱する。

❺ 多長根で物事を判断する

これが問題解決の決定版。次項で考えてみよう。

――どんな難問も「多長根」のアプローチで解決できる

私は解決困難な複雑な問題に直面すると、「多長根、多長根……」と呪文のようにくり返すことにしている。こうするとどういうわけか、問題解決の糸口が見えてくる。

といっても、この言葉に意味があるわけではない。

物事を判断するときに、「多面的」「長期的」「根本的」の三つの視点からとらえようと自分でいいきかせているのである。この発想は東洋哲学の根本であり、ビジネスのさまざまな場面で応用がきく。

まず、物事を単面ではなく多面的、多角的にとらえられるかどうかという点。これこそが、成熟したビジネスパーソンとそうでない人との差である。「木を見て森を見ず」という言葉があるが、「こっちから見るとこうだが、向こうから見るとどうだろう」と多面的に見るクセがつけば、「木も森も見える」ようになってくる。

とくに人を評価するときなどは「あの人はフットワークが悪い」という見方だけで事足れりとせず、「待てよ、なかなか慎重にものを考える男だな」という見方もすることによってバランスができてくる。「俺の上司は細かすぎる」に対して「コスト意識の勉強にはなる」といった見方も必要だろう。

次に長期的なものの見方。これは直面している問題を離れて、三年、五年、一〇年といった長期的なスパンで考えた場合にその問題をどうとらえるといいのか、といった長期的な観点から判断することである。たとえば、今の自分の仕事が性に合わなくても、長期的なキャリア形成の一時期と位置づければ見方も変わるかもしれない。

最後が根本的に考えること。「何のために、何をしようとしているのか」という原点につねに立ち返ることの重要性を示す言葉である。

会議などで暗礁に乗り上げてしまうと、えてして本質から離れた周辺部分で激論を戦わせていたりすることがある。何が根本かを考えずに、枝葉ばかりつついていたのでは、真の解決は望めない。「どういう解決が会社をよくするためにベストか?」という根本に戻れば、意外と答はそこにあるものだ。

この多長根は、問題解決の本質に迫るための考え方である。

これを身につける方法は「習慣づけ」に限る。

兼好《けんこう》法師は聖人君子の行ないを日々真似し続けていれば、その人は限りなく聖人君子に近づくことができるといっている。同じように多長根もくり返して考えていれば、その発想法が自然と自分のものになってくる。

問題解決のときだけではなく、企画を考えるときでも「多面的に考えると……長期的視点では……、根本は何だったか……」と考える。これが、自分なりの見識を身につけることにもつながる。なお、習慣として身につくまでは、私のように「多長根」と手帳に書いておくのもいいかもしれない。

14 できる人は国際人になるための5段階思考を持っている

「国際人」というと、英語が話せたり、頻繁に海外主張をする人をイメージしがちだが、とんでもない誤解である。「本物の国際人」であるために必要なのは、ここで述べる「五つのものの考え方」である。

――まずは、「自分」と「自分の国」を知ることから始めよう

できるビジネスパーソンは、国際的な舞台でも通用する資質を持っている。グローバル時代にあっては、そうでなくては「できる」とはいわれないからだ。では、国際人の条件とは何だろうか？　私が考えている国際人とは、次の五つの段階で物事を考えるられる人物のことである。

❶ 自分の国をよく知っている

自分の国を知っているというベースに立って、はじめてグローバルな視野に立った思考と行動ができる。これがスタート地点といえる。余談になるが、「国際的」という英語は、ナショナル（国家的）がはじめにあって、そこにインター（～間）が加わってインターナショナルが成り立っているのだ。

❷ 自国と他国の同じ部分を理解している

よく違いを論ずる人がいるが、その前にどこが同じかというところをシッカリととらえることが、モノの順番からいって大切なのである。

実際に違う部分はせいぜい一〇％程度。残りの九〇％は同質なのである。わずかな違いを面白おかしく評論しても何のメリットもない。むしろ共通部分を理解することによって、本質をつかむことができるのだ。

❸ 自国と他国の違う部分を理解している

モノの順番からいって、「同じ」がわかってから「違い」を知ることである。

❹ 違いを違いとして容認する

違うからといって問題があるわけではない。違いは違いとして認める懐の深さが、グローバルに活躍するビジネスパーソンにとって必要である。

❺ 必要に応じて相手に合わせる

国際社会の一員としてビジネスを考えると、必要に応じて相手に合わせるという態度も必要になってくる。

自国や自分の主体性（アイデンティティー）をキチンと守りながら、物事を是々非々で世界の規範（ノーム）に合わせて行なっていく。こうした態度が、これからの時代には必要なのである。

4 章

できる人は
コミュニケーション力が
長けている

15 できる人は〝好かれ上手〟

成功している人には様々なタイプがいるが、あらゆる成功者に共通している点がひとつだけある。「人間関係の達人」ということだ。あなたは自分の人間関係能力をどう評価しているだろうか？

——好かれるかどうかで収入が40％も変わる

「人間は好き嫌いで働くものだ。論法で働くものじゃない」（夏目漱石『坊ちゃん』より）

切れ味が鋭い人がいる。直感力や分析力に優れて、何かコトがあったときに的確に示す判断力に、一目置かざるを得ないような人である。

キレ者には二つのタイプがある。好感を持てるタイプと、持てないタイプである。

前者は「なかなかやるなぁ。すごいやつだ」と素直に認めたくなるような人間であり、後者は「あいつ、ちょっとキレると思って、いい気になるなよ」とこちらの感情を逆撫でするような人間だ。

実際の仕事の場面で考えると、前者の場合は「彼（ないし彼女）がいうことは、分析が行き届いているだろうから、間違いあるまい」と好意的に受けとめられやすい。

それに対して後者の場合は、「アイツのいうことはたしかに理屈は通っている。だけど、あの生意気な態度は認められないな」と、相手にされないことだってある。

ビジネスの世界は、ほかでもなく人間と人間とで構成されている。それだけに、人間関係の上手下手がビジネスの成功失敗を決めてしまうことは決して珍しくない。

試しに、周りのできるビジネスパーソンを見回してみるといい。例外なく、キレるばかりでなく周りに受け入れられることのうまい人ばかりのはずだ。

自分に置きかえて考えてみるとわかるだろうが、心から信頼している上司から指示されたのと、反感を持っている上司から命令されたのでは、仕事に取り組む姿勢に違いが現れてもしかたがあるまい。

夏目漱石の言葉の意味は、仕事自体の好き嫌いで人間は働くということだが、仕事が好きだということの中には、こうした人情の機微も含まれていると、私は確信している。

ビジネス社会で、あるいは組織の中で実力を発揮するためには、人間関係をいかに的確に処理する能力があるかが問われてくる。

ある調査によると、ドライといわれているアメリカでも人間関係が重要だという結果が出ている。

具体的には、人間関係のうまい人とそうでない人との間では、収入でみると四〇％にも及ぶ差が出ているのである。まして日本では、アメリカ以上に人間関係に注意を払う必要があるといえよう。

16 できる人は話を耳と心で聴くことができる

ビジネスの原点は人間関係である。その人間関係の基本はコミュニケーションだ。そしてコミュニケーションの基本は「聴くこと」である。「上手な話し手」になる前に「人に話をさせる達人」になろう。

――〝話を聴いてもらう〟と、人はあなたに心をひらく

コミュニケーションというと、とかくうまく話すことと考えられがちだが、実際には「聴く」ことの方がどれだけ大切かわからない。それもただ耳で「聞く」のではなく、耳と心で「聴く」ことである。

良寛和尚が裕福な名主の家に滞在したときの話である。放蕩息子に手を焼いていた主人から、「ひとつ意見をしてもらえないか？」と頼まれた。良寛は快く承知したが、

一向に意見する様子がみえない。息子に会えばただニコニコと息子の話を聞いているだけである。

主人がやきもきしているうちに、出立《しゅったつ》の日が来てしまった。「いよいよ意見をしてくれるかな？」という主人の期待をよそに、良寛は息子に向かって「達者に暮らせよ」とひとこと残しただけで旅立っていった。主人は内心ガッカリしたが、不思議なことに息子の方はそれからすっかり心を入れかえたという。

良寛は、ただ話を聞いてやっただけである。だが、聞いてもらっているうちに息子は自分自身の中にある自尊心やプライドが満たされ、自然と素直な気持ちになってきたのだろう。

――〝聴いてるつもり〟では、部下の心は掴めない

こんなアンケートをとったことがある。

上司には「部下のいうことを最大限聞いている場合を一〇〇点、まったく聞いていない場合を〇点として、自分のレベルを自己採点してください」と依頼した。

一方の部下にはその逆に、上司にどれだけ聞いてもらっていると思っているかを採点してもらった。

上司の自己認識では、七〇～八〇点という得点が多かった。自分自身では、忙しい時間を割いて最大限聞いているつもりなのだ。

ところが、七〇～八〇点の自己採点をした人の部下の評価を見ると、せいぜい二〇～三〇点程度だった。

つまり、自分が思っている半分も、部下は話を聞いてもらっていると感じていないのだ。私自身もこれほどの認識ギャップがあるのを知って驚いた。自分自身を振り返って身を引き締める思いだった。

私はせっかちなので、「それで結論は？」とすぐ相手に迫ってしまうクセがある。はたからみると、テキパキと仕事をするビジネスパーソンらしい態度かもしれないが、上司と部下という関係で考えると決してほめられることではない。

説明がクドクド要領を得なかったり、聴くべき内容がなかったとしても、とりあえずは相手の立場に立って、耳と心を傾けて聴くことが大切なのである。この行為そのものが、いい上下関係を生むのだ。

そのためには、たとえば既知の事実を伝えられたとしても、知らないふりをする必要があるケースも生じてくる。このことは、上司と部下の関係だけでなく、同僚や先輩との間でも大切である。

――〝20〟話したら〝80〟聴くのがベスト・コミュニケーション

❶相手の話をゆっくり聞いてやらない
❷自分のことばかりしゃべる
❸相手の話をすぐにさえぎる

会議などでは、こうした態度をとる人がいる。

こうした態度の行き着く先は「人から嫌われる」である。

そう、この三項目はD・カーネギーが「人から嫌われる法」として語ったことである。たしかにこの三拍子揃った人とは話をしたくないが、現実の場では案外こうしたた態度を取ってしまいがちなことも事実である。

ビジネスは人気コンテストとは違うので、人気取りに気をつかう必要はないが、嫌われていては仕事にならない。

そこで、このカーネギーの言葉を「コミュニケーションの三つのタブー」として受けとめればいい。一つひとつ点検してみれば、実にシンプルに「相手の話を聴け」ということに帰結する。

ユダヤの格言に、「口はひとつなのに耳がふたつあるのはなぜか？　それは、話す倍聴くためだ」というものがある。自分では聴いているつもりでも、相手はそうは感じていないというのは、私がとったアンケート結果にもよく現れている。

そこでアドバイス。「八〇―二〇の法則」を活用して、自分では二〇話して八〇聴くつもりでいることである。それで、相手にとってようやく五〇ぐらい聴いてもらっている感覚になるようだ。

17 できる人の交渉術はお互いが勝者になる

ビジネスは交渉やプレゼンテーションの連続だ。当然、その方面の達人が人に一歩差をつける。そこで「これだけ知っておけば成功間違いなし」というエッセンスを紹介しよう。

――最高の交渉は「お互いに満足できる合意」

できる人の交渉は、「話し合いによって、お互いに満足のいく合意点に達すること」を心がけている。つまり、対立して相手を打ち負かすのではなく、両立させるのだ。両者が勝つ「WIN―WIN」が、交渉の大前提なのである。

ビジネスの基本であるCS（カストマー・サティスファクション＝顧客満足）をもじっていえば、PS（パートナー・サティスファクション＝交渉相手の満足）とでもいうことになろうか。

この「ＰＳ」を実現させるためには、どうしたらいいだろうか？

まず、相手が受け入れて、満足できるような選択肢を持って交渉に臨むことだろう。

交渉にあたっては、その選択肢をもとに、それぞれの交渉目標を満足させるような妥協点をさぐるわけである。

それぞれが異なった価値観を持って交渉にあたっていても、妥協の余地が一〇〇％ないということは滅多にない。したがって、お互いのニーズをうまくかみ合わせさえすれば、ともに納得のいくＷＩＮ—ＷＩＮ交渉は成立するわけだ。

だからこそ、相手をお互いに協調しながら交渉を作りあげていくパートナーと考えることが重要なのである。

ＷＩＮ—ＷＩＮ交渉を成立させるための具体的テクニックとして私が使うものに「相手の靴を履く」というものがある。「相手の立場に立ってものを考える」という意味だ。

たとえばある会社と合併を組みたいとか買収をしたいという前提の話をするときに、

自分を相手の立場において「相手はこの要求はするだろう。これだけは主張したいだろう」というリストを作る。互いの主張の対比等を作っておくことにより必然的に「予想落し込み点」が見えてくる。

また、「イエス論法」を使うのも効果的。これは、相手に「イエス」を連発させるような話の道筋を取ることである。さしさわりのない話題で、相手にイエスを連発させる。こうして次第に相手の心の武装解除が進んでいくわけだ。イエスを連発していると、ノーとはいいづらくなるものである。

――押さえておきたい、交渉時のポイント

次にWIN―WIN交渉を成功させるための条件を考えてみよう。

まず「この交渉の目的は何か」をクリアにしておくこと。最初の段階で、この交渉の最終目的は何か、交渉相手にも基本同意を求めておきたい。

交渉目的がクリアになったら、事前調査をしたい。「彼を知り、己を知れば百戦してあやうからず」という孫子の兵法を引合いに出すまでもなく、重要なことである。

さらに、交渉に臨んでは、「聴く」に徹することも重要。「傾聴、傾聴、また傾聴」と心掛けたい。

次に、論理的かつ数字の裏付けのある提案をすること。義理・人情・浪花節的アプローチも決して軽視できないが、やはりビジネス交渉である以上、中心には数字やデータの裏付けが欠かせない。

交渉の場では、感情的にならないことも当然ながら重要だ。交渉相手に無理難題を押しつけられたときに、「バルコニーに登れ」という言葉がある。これは、自分の気持ちを高いところにおいて、交渉の全体像を客観的に見ようということである。自分の感情をコントロールするとともに、基本に帰るというメリットもある。

また、優位な交渉であっても相手を追い詰めることなく、選択の余地を残すことを忘れないようにしよう。くり返すが、ＰＳは、相手にも満足を与えること。優位なときほど、ＰＳの重要性を思い出そう。

妥協の重要性も強調しておきたい。

だがその反面、安易な妥協はしないと突っ張る部分も必要。交渉が勝ちになるか負けになるかといった基本の部分では、決して妥協はできないが、それ以外の部分ではいくら妥協しても負けではない。

最後に、決定した内容は書面にして必ず双方で確認すること。これによって、「自分はそんなことを約束したつもりはない」「いや、こういった」といった生産性のない水掛け論をしなくてすむ。

「タンゴを踊るには二人を必要とする」という言葉がある。交渉は相手があってはじめて成立するもの。あくまでPSを考えたWIN―WIN交渉を心掛けたい。

――〝小さな合意〟が、失敗を成功に変える

失敗の原因には、つぎのようなことが考えられる。

❶提示条件が相手の要望を満たしていない

❷時間不足

❸交渉相手がパートナーとしてふさわしくない

こうした原因によって交渉が挫折しそうなときには、こんな対処法が考えられる。

まず、小さな合意を積み重ねること。これによって、信頼関係が生まれ、自然と大きな合意につながっていく。

チームで交渉に当たっているときには、相手チームの中に自分のシンパをつくっておくことができれば、交渉がスムーズにいく。トラブルがあっても、そのシンパがなだめ役となってくれるのである。

また、暗礁に乗り上げたときには、時間の力を借りる手もある。挫折ではなく出直し、仕切り直しと考えて、時間をおいて期が熟すのを待つわけだ。もちろん、そのための準備に怠りがあってはならない。

18 できる人は上司との関係を怠らない

上司とのコミュニケーションには、人それぞれ様々な個性や特徴がある。しかし、基本として必ず守るべきこともある。ここにとりあげた「定石」を活用するだけで、あなたのビジネスライフはガラリと変わってくるはずだ。

――部下であるあなたがすべきこと

ビジネスの成功には、成功の方程式の方法（方向）が重要な意味を持ってくる。まったく違った方向に向けて努力をしてもムダになってしまうからである。その意味でも、上司からの指示を的確に受けるようにしたい。そこで、できるビジネスパーソンの指示の受け方と報告のしかたを紹介しよう。

◎上手な指示の受け方

❶必ずメモを取る

指示・命令を受けるときには必ずメモをとる。そうすれば、モノ忘れや記憶の変質を防ぐことができる。

また、「いった」「聞いてません」という不毛な水かけ論やトラブルを未然に防ぐこともできる。

❷不明な点はその場で確認する

指示を聞き終わったときに、不明な点やわかりにくい点があれば、その場で聞きなおして確認する必要がある。ビジネスの失敗には、お互いの解釈が違っていたため思いどおりの結果がでないという「ボタンのかけ違い」的なケースが多い。

❸できそうもない指示には、その旨を伝えて指示を仰ぐ

ほかに急ぎの仕事を抱えていたり、期限内に実力的にも処理できない、やり方がわからなくて自信が持てない……といった場合には、正直にいって指示を仰いだほうがいい。上司の方で仕事の交通整理をしてくれたり、適切なアドバイスをしてくれるはずである。

◎上手な報告の仕方

❶まめに頻繁に、ただし簡潔に

報告しすぎて怒る上司はまずいない。一日一回、わずか一分でも、なるべく顔を合わせてコンタクトしたい。

❷人を見て法を説く

人によって、結論から先に聞きたがる人や、時系列的に順序を追って説明を求める人、結論だけ聞けばいい人……とさまざま。相手の波長に合わせた報告をしよう。

❸タイミングを選んで報告する

報告にも相手に伝えるのにふさわしい時間がある。内容や相手の状況を判断した上で報告するようにしよう。

以上の指示の受け方、報告の仕方たはごく基本のことである。だが、これを徹底してやれる人は、できるビジネスパーソンへの第一歩を着実に踏み出したといってもいいだろう。

――反対意見は何度まで許されるか

経営者や管理者を対象としたある講演会でこんな質問をした。

「あるビジネステーマについてひとりの部下がしつこく反対している。進めることは会社としての決定事項である。これまで三度ほどその部下に説明して納得させようとしたが、なお聞き入れてくれない。そんなときに、あなたならどんな処置をとるか？」

多くの人の回答は、「その仕事から外す」だった。私もとりあえずは、これが正解だろうと思う。何が何でもやれといって無理やりやらせたところで、いい結果が生まれるはずはないし、いまの時代に合ったやり方でもない。

だが、「組織の一員である限り、最終的には上司の決定に従うべきだ」というのが、私の基本的な考えである。もちろん、その最終決定に至るまでには、上司だろうが部下だろうが、賛成、反対の立場とその理由をハッキリ表明し、また主張すべきだし、それが許される組織風土でなければならない。リーダーは、部下が反対意見をいいやすい組織風土づくりを日頃から怠ってはいけない。

では、どの段階まで、そうしたらいいのか。

私は、反対意見は三度が限度ではないかと思っている。三度いって聞き入れられなければ、あとは上司の決定に従った方がいい。

それでもなお従いたくないのであれば、会社を去るべきだろう。組織に属するものの最低条件としての規律は、上の命令に従うということである。もちろん、法律に反することや社会道徳上問題がある命令は論外だが……。

あれだけ大反対していた人間が、いったんやるとなったら率先してバリバリ仕事を進めていく。最初からやりたくてしかたがなかった仕事のように、周りを巻き込んでその成就を図る……ビジネスパーソンとして、これほど颯爽と見えるシーンはあるまい。こういう姿を、必ず上司はしっかり見ている。

最悪のパターンは、従うふりをして仕事をサボタージュすること。ひそかに失敗を願って、「やはり私が反対した通りじゃないか」などと、陰でほくそえむなどというのはビジネスパーソンの風上にも置けない。

そんな人間には、周囲の人間は厳しく臨むべきだ。そうでないと組織の秩序が崩壊してしまう。

――人を喜ばせるユーモア・センスを磨くコツ

日本人がユーモアのセンスに欠けるとは思わないが、欧米人に比べてジョークをうまくビジネスに活用していないのは事実といえる。

実際に日本人ビジネスパーソンと一時間やそこら話をしていて、一度も冗談めいた会話を交わさないこともそう珍しいことではない。

欧米人のビジネスパーソンは、一度や二度は気のきいたジョークを飛ばす。しかも、結構、神経をつかっている。内容やタイミングを巧みに計って、効果的な会話の演出をする。

そもそもソフィスティケーションの条件のひとつは、イギリス人は「ヒューモア」、フランス人は「エスプリ」、アメリカ人は「ジョーク」である。そのジョークの中身やそれに対する反応で、教養や人間性まで見すかされてしまう。最近では、日本人でもできるビジネスマンは、スマートな「しゃれ」を会話に交えるようになってきた。

なぜ、これからの日本人にジョークが必要なのか。

まず、国際化時代の今、必然的にユーモア志向の強い外国人とのつきあいの場が増えてくる。効果的なコミュニケーションの第一歩は、まず相手と波長を合わせること。その糸口としてジョークがうってつけなのである。もちろん、日本人同士でも同じことだ。

次に、精神衛生上ジョークは有効である。競争社会ではストレスの種はいくらでも転がっている。ストレス・マネジメントのひとつとしてユーモアやジョークを取り入れることは非常に有効であるばかりか、コストもいっさいかからない。

さらに、仕事の持つ意味が変わりつつあることも、ジョークの重要性を高めている。これからの社会では、「いい仕事」「望ましい仕事」という概念の中に、「ゆとり」「遊び」「楽しみ」が大きな要素として含まれてくる。仕事や職場に「ファン（楽しみ）」を持ち込めるかどうかがポイントになってくる。

職場にさざなみのような笑い声が漂っている。これはその会社が活性化している証拠だ。

その実現のためにもジョークのひとつやふたつをいつでも飛ばせるように準備しておくことが望ましい。

「新さんはシャレ（ダジャレ？）が上手ですね」とよくいわれるが、種あかしをすると、私の飛ばすジョークの半分はその場で考えついた「アドリブ型」だが、残りの半分は、普段から気に入った例を紙に書いておいてＴＰＯに応じて引用する「仕込型」である。

ジョークも身につくようになるまでには、それなりの努力が必要なのだろう。

19 できる人がやっている「超・能力開発法」

自分の能力づくりに投資しなければ、成長という配当は得られない。一流ビジネスパーソンをめざすあなたにとって「投資」とは、具体的に何をすることだろう？　ここでは自分の資産価値を高める投資術を指南しよう。

――人脈づくりと才能を磨く投資

いまさらいうまでもないが、人生は勉強の連続であるべきだ。

一口に「勉強」といっても人生のそれぞれの段階で、意味が違ってくる。学生と違って社会人にとっては、勉強したことを実践にどう生かすかといった視点が必要になってくる。

私は読書や勉強会はもちろんだが、直接、人と会うことによってさまざまな生きた勉強をさせてもらうように心がけている。こうして培ってきた人脈は、今でもさまざまな場面で、大きな武器となっている。現在の私のヒューマン・インベントリー・リスト（人的財産目録）は、ざっと二〇〇名。これが多いか少ないかは見方によるだろうが、私は十分満足している。

なお、このリストが枯れてしまわないようにするためには、相手に対する謝意や礼節を尽くすことが大切になってくる。

加えて、テイクばかりでなくギブを優先的にするように努めることだ。そのためには多少の時間とお金が必要になるが、これは会社の金でなく自分の金を投資することをお勧めしたい。その方が投資効果が高まるからである。勉強会などに自主参加でしたときと会社の金のときの場合の意気ごみの違いを考えてみればその感覚がわかるだろう。

私は財テクの重要性を決して否定はしないが、それよりも「人テク」「才テク」の方が重要だと考えている。二〇代や三〇代の若いときならなおさらである。人テクとは人脈づくりのための投資であり、才テクとは才能を磨くための投資のことである。

まず、自分の現在の能力の〝在庫調整〟を行なって、それをどう補完、整理していくかという目標を明確にしてから、人テク・オテクに挑戦する。

——人脈は数ではない、中身である

いい人づきあいによって得られるものは、情報や知識といったものを超えて、人生の指針にまで及ぶ。人間的な成長を促してくれるような人脈が広がっていけば、人生にとってこれほど有意義なことはない。しかも、ビジネス社会というのは、こうした人脈づくりをしやすい環境なのだ。

幅広い人脈づくりのコツを私の体験から紹介しよう。

❶ 未知の人との出会いの場に近づく

同業他社との会合や得意先とのミーティングなど、仕事がらみの会合、勉強会、親睦会などには積極的に顔を出すべきだろう。

もちろん、仕事以外の同窓会やスポーツクラブなども、いい機会といえる。こうしたチャンスをとらえて未知の人と接近しよう。

❷ 人脈が人脈の輪を広げる

友人や知人に「この分野の得意な人いない？」「最近、面白い人と会った？」といった具合に紹介してもらうのもいい方法。人脈が人脈を広げてくれる。

❸ 講演会やセミナーの活用

セミナーなどでは、熱心に話を聴いていたり、勉強していそうな人を探し出して、こちらから積極的に話しかける。この姿勢が、素晴らしい知人を増やすことにつながっていく。

以上の三つはいずれも、ビジネスパーソンにとってはアクションに移しやすいものだ。こうした機会をとらえて金儲けならぬ「人儲け」に励んでもらいたい。

こうして知り合った人とは、あとでときどき会ったり、手紙や電話、メールのやりとりを重ねて親交を深めていく。

人脈はいたずらに数を誇っても意味がない。その中身が問題なのである。質を大切にしながら、バラエティに富んだ人脈を形成しよう。たとえば、別の業界の人間や異質な世界の人間である。教育家、学者、芸術家、ジャーナリストなどビジネスと異質な世界の人間との交流は、思いがけない知識や情報を与えてくれる。なによりもライブな知識がうれしい。ときに、これが大きな知的刺激を誘発して、思わぬところでビジネスの役に立ったりする。

――他人の忠告に謙虚になるとき、一回り人間が大きくなる

「利害や損得と関係なく、長くつきあえる友人は、お前にとってかけがえのない財産だよ」

「人が注意してくれるうちが華だ。忠告には謙虚に耳を傾けろ」

ことあるごとにこういってくれたのが明治生まれの亡き父である。

あなたは、耳の痛いことをズバズバいってくれる友人や同僚、先輩を持っているだ

ろうか？

すぐに何人か指を折れる人は、ビジネスパーソンとして成功するためのもっとも重要なポイントのひとつをすでに備えているといえる。

私は若い頃には、耳の痛いことをいわれると「わずらわしいな」と思うのが常だった。だが、幸いにしてそれにもかかわらず耳に痛いことをいい続けてくれる人が何人かいた。これが、私が何とかやってこれた理由のひとつである。

中でも、コカ・コーラ社時代のイギリス人の先輩は、こんな印象深いアドバイスをしてくれた。

「二点の最短距離は直線である。目的に到達するには、これが一番早いだろう。だが、仕事の最短距離は直線とは限らない。山や谷、崖や池があって、まっすぐには進めないことがあるだろう。そんなときには、曲線が最短距離になるんだ」

「ナタになってもカミソリになるな。カミソリは切れ味鋭くともモロイ。大きな仕事をするのはナタの方だ」

短気でカミソリ的切れ味を誇りにしていた私には耳の痛いアドバイスだった。

ほかにもこうした忠告をしてくれる人間が何人かいる。中でも辛辣なのが、私のワイフである。

血気盛んな頃は、「そんなことといわれなくてもわかっている」という気がしていた。たしかにそのくらいの自信と元気は必要だが、それは慢心と紙一重。振り返ってみると、こうしたアドバイスが、いかに自分にいい影響を与えてきたかがよくわかる。

腹が立つような忠告でも、一歩下がって素直に聴くような耳だけは持たなくてはいけない。

英語に、「まさかの友は真の友」という言葉がある。私はそんな友人を親友、真友、信友という意味を含んで「心友」と呼んでいる。私には心友が何人かいる。それだけで、大きな安心と自信が持てる。心友は自分の鏡でもある。その忠言こそ天の声と思って耳を傾けたい。

5章

できる人はなぜ
いつも時間に余裕があるのか

20 できる人は時間活用の達人である

一流のビジネスパーソンは、例外なく時間とのつきあい方の達人だ。「忙しい」といわず、瓢々としているのも特徴だ。時間の奴隷ではなく、時間の主人(マスター)になる効果的ノウハウを、ここでしっかり体に叩きこもう。

――まず、無駄な時間がどこにあるかをチェックしよう

「忙しい、忙しい」といいながら実に下手な時間の使い方をしている人がいる。忙しがっている人と「忙しい人」とは違う。「急ぎの仕事は忙しい人に頼め」というのは、忙しい人ほど時間を有効に使う術をマスターしているからだ。仕事の手順もしっかりしていて、しかもスピーディ。そんな人が引き受けた仕事は、キチンと予定通りに上がってくる。

一流のビジネスパーソンは、分刻みのスケジュールでありながら、余裕を持って仕事をしている。かくいう私の手帳にも、仕事の予定がギッシリ詰まっている。これが、「予約済みの時間」である。このほかにも、月数回の個人的な勉強会やウェートレーニングの予定も手帳に書き込んである。

時間の活用法は、若いうちから身につけなくては意味がない。時間のマスター(主人)としてタイム・マネジメントをすれば、一年を「一三カ月」にすることもできるし、一日を「二五時間活用」することもできるようになる。

いうまでもなく、能力が同じであれば、時間という持駒を数多く持っている方が圧倒的に有利に決まっている。

すごい仕事をこなす点で、私が尊敬してやまないイギリス人の先輩は、決して「私は忙しい」とはいわなかった。「アイアム・オキュパイド」と、時間をマネージしている人特有の自信溢れる言葉を使った。「時間があれば……」と一生いい続けても、どこからも湧いてこない。意識して使いこなしてはじめて、時間は増やせるのである。

時間を上手に使っているビジネスパーソンに共通するのは、仕事に、遊びに、勉強に……とすべてに貪欲であること。

つまり、自分の人生に貪欲なのだ。限られた時間の中でやりたいことが多いからこそ、時間の使い方に対してシビアになるわけだ。

逆に、自分の人生における目標や願望、責任感すら持っていない人は、時間を浪費しても決してムダと感じることはない。

その意味からも、「自分にとって意義のある目標」を持つことが重要になってくる。そうすることによって、おのずからアクションプランが生まれ、やりたいこと、やるべきことが数多くなってくる。それが、時間の有効活用への第一歩なのだ。

まず、自分の時間の使い方を分析することからスタートしよう。どんなところで時間を浪費しがちか、どんなところで時間をうまく使っているか……自分の時間の使い方の傾向をしっかり認識することだ。自分のクセをよく知っていれば、どこを伸ばして、どこを改善したらいいのかは、自然と見えてくる。

時間の使い方にはテクニックが要る。これから紹介するのは、私自身が実践してきて、効果があったものばかりである。

――1年を13カ月で暮らせる方法

英語に、「ホールズ・イン・ザ・デイ」という表現がある。これは「時間の穴」、つまりコマ切れの隙間時間のことである。できるビジネスマンは、この時間の穴を巧みに使っている。

ちょっと考えてみよう。一日を二四時間の円グラフとする。そのうち七時間を睡眠、通勤に片道一時間、仕事に八時間……と、決まっているスケジュールを塗りつぶしていく。

それぞれのスケジュールの間には、必ず一〇分や二〇分の時間の隙間があるはず。これが時間の穴だ。どんなに忙しい人でも、これをうまく使えば、一日に一時間くらいの時間を捻出することはそう難しいことではないはずだ。

たとえば、一日六〇分の時間の穴を有効に活用したとする。一年では当然、三六五時間を有効に使えることになる。これは、何と一五・二日分である。一日わずか六〇分捻出するだけで、一五日もの時間を捻出できるわけである。睡眠時間を七時間とすると起きている時間は一七時間である。起きている時間で計算すると、二一日半になる。つまり、土日を除いた約一カ月に相当する時間である。

一年を一三カ月で暮らす凄いヤツ――あなたの周りにもきっといる「時間の達人」は、こうして人とは違う人生を送っているのだ。

一日一冊の買書家（読書家にあらず）の私には、こうしたコマ切れ時間は、いい読書タイムである。二〇分くらいあると結構読めるし、資料として読む場合には、目次をめくって必要なところをピックアップ、チェックするぐらいのことはできる。

また、ちょっとしたお礼のハガキなどを書くのにピッタリの時間でもある。

「忙中有閑」という。時間の穴は結構あるもので、こうした時間の使い方に慣れてくると、十分時間のある休日などには、かえって本を読めなかったりする。

そう、時間は「ある時間」より、自分で意識して「つくった時間」の方が有効に機能するのだ。

21 できる人は仕事の優先順位がわかっている

一流のビジネスパーソンとは「今、自分は何をすべきか」を知っていると同時に「何をすべきではないか」をも理解している人だ。優先順位の考え方を身につけ、実行に移して、仕事の効率アップをモノにしてもらいたい。

――今日からできる「忙しくなくなるノウハウ」

私は毎朝、一日のスケジュールを確認して、優先順位の高い順に五〜一〇項目を紙に書いて、手帳に挟んでいる。「八〇―二〇の法則」では、優先順位の高い二つずつこなしていくことを紹介したが、その応用である。

実際に、こうしてプライオリティの高い順に物事を進めていくと、我ながら驚くほど順調に仕事が進んでいく。あなたも、ぜひとも試してもらいたい。最近では、"Don't

Forget!"という貼ったりはがしたりできるチェックメモがあるので便利。

私自身は若い頃から我流でこうしていたわけだが、ある日、新聞だか雑誌だかで、こんなエピソードを拾って驚いた。メモからだから正確ではないが、再現するとこんなものだった。

鉄鋼王として有名なC・M・シュワップがまだ若くて小さな会社の社長だった頃、経営コンサルタントのJ・B・リーが何度も彼に会おうとした。シュワップは忙しい身なので、なかなか会おうとしなかった。

そこでリーは一計を案じた。「忙しくなくなるノウハウを教示したい……」と迫ったのである。案の定、シュワップはこれに乗ってきた。

そのノウハウこそ、私のやっていたのとよく似たものだ。

「明日やるべきことを六つ書き出してください」

「次に、どれから片づけるか、優先順位をつけてください」

「そして、その順に仕事を進めてください。毎日」

こうアドバイスしたのである。シュワップは半信半疑ながら、いわれた通りに試してみた。するとたしかに効率が上がった。緊急度の低い仕事を思慮の外に置くことができたため、いまなすべき仕事がはっきりした。やりきれない仕事があっても、優先順位が低ければ切り捨てることができた。

二カ月後、リーのもとに書留が届いた。中には二万五〇〇〇ドルの小切手が入っていた。わずか三行の助言に、シュワップはそれだけの価値を認めたのである。このアドバイスが効いたのか、シュワップは三八歳の若さでUSスチールの社長となって、鉄鋼王の道を歩みだした。

優先順位をつけるだけで、人によってはこれだけの効果を発揮する。「何かを行うためには何かを捨てなければならない」のである。

さて、あなたは何を捨て、何を選ぶか？

――「自分にとって意味のあることしかしない」と決めよう

会社での地位が上がってくるにしたがって、会社にとっても自分にとっても重要度の高い仕事を担当できるようになる。雑用に近い仕事は部下に任せればよくなるというわけだ。

若いあなたも同じように発想したらどうだろうか。

「自分にとって意味のある仕事しかしないぞ」と決心するのだ。その上で、自分にとって意味のある仕事や重要な仕事を中心に、スケジュールを洗い直すのである。こなさなければならない仕事量は変わらないかもしれないが、仕事の内容が驚くほど濃くなることを保証する。

たとえば、プレゼンテーション用のツール作りなども、効果のほどがわからないような細部に凝って、重要なデータ作りがおろそかになっていたりしないだろうか？重要な仕事とは、プレゼンテーションという行動そのものを成功させることではない。プレゼンテーションによって、相手を説得することである。こう考えると、何の役にも立たないことに営々とムダな努力を払うといったことがなくなってくるだろう。

要は忙しさの内容を吟味することである。雑用に追われて、本質を見逃してしまっていては何にもならない。自分自身も決して満足することはできないだろうし、会社もそんな人間を評価してはくれない。

22 できる人は集中力を意識的に高めることができる

「集中は力なり」という。できる男ほど集中力が高い。だからこそ短い時間で重要な仕事をキッチリ消化できるのだ。実は「集中」にもコツがある。ライバルよりも一枚上をいく集中力で、バリバリ仕事をこなしてほしい。

――集中力を味方にする「一時一事の法則」

大切な仕事を短期間で仕上げなければならない。仕事の状況によっては、こんなことはよくある。そんなときには、時間活用の法則のひとつである「一時一事の法則」を活用する。

これは、大事な問題を解決するときには、ほかのいっさいを雑音と見なして排除して、そのことのみに集中することだ。一日の中に質の高い〝ゴールデン・アワーズ〟を作り出すのである。

あなたも、集中できたために思ったよりも仕事がはかどったといった経験を持っているだろう。火事場のバカ力がそうだし、試験前の一夜漬けもそうかもしれない。この集中力を意識的に活用できるようにしようというのがこの法則である。

私の場合は、身の回りの三Ｓ（整理・整頓・清潔）を行なってから、一気に仕事に取りかかるとスムーズに行くことが多い。ある作家は、資料を積み重ねて、原稿用紙を机の上に置いてから、まず一服する。これが集中するための暗示だそうだ。

ニュートンはリンゴが落ちるのをみて万有引力の法則を発見したというが、正確にはリンゴが落ちるのを見て偶然思いついたのではないだろう。ゆで卵をつくろうとして自分の懐中時計をゆでたというエピソードがあるニュートンだけに、散歩の途中でも頭の中には複雑な数字が飛び交っていたに違いない。

だからこそ、丸いリンゴが地上に落ちていくのを見て、ひらめいたのだろう。大きな球体である地球に、小さな球体であるリンゴが引き寄せられたのだと。あくまで、集中力がなせるワザだったのではないだろうか。

集中して仕事に取り組むと、こうした潜在意識を引き出すこともできる。誰でも潜在意識という素晴らしい可能性を秘めた能力を持っている。

集中するときには寝食を忘れるほど集中する。そうすることによって、可能性豊かな潜在意識をも味方にして、より効果のよい仕事ができるようになる。夢をヒントに新しい原理を発見したというノーベル賞学者がいた。これも潜在意識のなせるワザだったのだろう。

——嫌いな仕事にもやる気を出せる、上手な考え方

人間はどんなときに集中できるのだろうか。

趣味やスポーツなど、自分が好きで好きでたまらないことには誰でも集中できるだろう。また、大勢の前で発表するといった重要なことには集中して取り組むことができるだろう。

海外出張が決まった人が英会話学校に行くと、そうでない人よりは格段に会話力が

進歩するという。具体的な目標があるとき、人は集中できるものである。

こう考えてくると、まず、その仕事を好きになることが一番ということがわかる。その仕事を面白くするようにいろいろな理由づけをして、自分の気持ちがその仕事を好きで好きでたまらないように持っていく。

さらに、「私がこの仕事をうまくやると、ビッグプロジェクトが順調に進む」など、その仕事の重要さを認識する。しかも、それが自分自身の成長目標と合致すれば、なおさら集中の度合いが高まってくるだろう。

仕事に熱中してやったときと、不承不承やったときとでは、その達成感と結果に雲泥の差がある。しかも、仕事に没頭することができれば、イヤイヤやるときの数倍にも能率があがるということも実証されている。

ビジネスマンたるもの、気が重い仕事をしなければならないこともある。どうしても好きになれないし、重要度も感じられないような仕事である。

そんなときにも一時一事の法則を活用しよう。「どうせやらなければならないのなら、早くやってしまおう」と考え、集中して一気にやってしまう。イヤイヤやる仕事を、次に紹介する一時複事の法則で行なうと、ミスが生じたりしてかえって手間や時間がかかってしまうことが多いからである。

したがって、集中してミスのないように丁寧にその仕事に取り組む方が、結果的には効率がいいし、イヤな仕事に携わる時間も少なくてすむ。

私はそんな仕事に直面したときには、「この仕事を早く終わらせて、スポーツジムで快い汗を流そう」など、自分にインセンティブ＝励ますものをつけたりする。そうすると、それがひとつの動機づけになって、仕事をスピーディにやる意欲がわいてくるものである。

あなたも、自分自身にどんなインセンティブを与えたら、動機づけができるかを考えて、実行したらどうだろうか。

23 できる人は移動時間も無駄にしない

効果的な時間の使い方には〝ながら〟というものもある。〝集中〟が「一時一事」なら〝ながら〟は「一時複事」だ。あなたにとっての〝ながら〟のやり方を工夫すれば、一日を三〇時間分に使うことも十分可能になる。

――人の何倍もの時間を手にする方法

私の友人にこういう人がいた。

彼は関西地区の営業マンとして社用車をあてがわれた。広いエリアを担当している営業マンには、そう珍しいケースではない。彼は何と二年間、担当地域を営業している間にスペイン語の基礎をマスターしてしまったのである。

方法は簡単。クルマで得意先回りの間に、そのテープをかけっぱなしにしただけである。別にそれによって仕事に影響をきたすようなことは何にもなかった。

こうしてスペイン語づけの毎日が続き、任期が終わって東京に戻った頃にはスペイン語の基礎会話は軽くマスターしていた。

彼の場合は、「得意先訪問（運転）」と「スペイン語勉強」を同時並列処理的に行なったわけである。考え方によれば、さきほど述べた商談と商談との「時間の穴」の活用でもある。

世の中、そう集中力が必要なことばかりではない。そこで、さほど集中力が必要でないことに関しては一時にいくつものことを行なうといい。友人の場合の運転と勉強の両立のようなやり方である。

これを私は「一時複事の法則」と呼んでいる。

通勤時間とか出張中とか食事時間とかにCDを聞いたり、新聞を読んだりするのは誰でもやっている。それを意識的に行なうだけのことである。考えてみれば、こうした時間の使い方は時間の穴を拡大して時間を生み出したのと同じことになる。

「時間の穴の有効活用」と「一時複事の法則の同時活用」によって、かなりの時間活用が可能になってくる。

　こうした法則を実行することは、自分の行動を締めつけられているようで、窮屈極まりないと思う人がいるかもしれない。だが、実際にやってみると、そんなことはまったく感じないはずである。

　要は目的意識と慣れの問題。こうした時間の使い方に慣れてしまうと、自然と有効に活用できるようになってくる。そうなってくると、あまり構えることなく、自然体で実行することができる。

　一日の生活をチェックして時間の穴を見つけ、一時一事の法則と一時複事の法則を活用する。それだけで、人より時間に余裕のあるリッチな自分をつくり上げることができる。

6章

できる人は逆境を力に変えられる

24 できる人は問題の解決策を知っている

物事がうまくいかないと意気消沈してしまう人がいる。同じ状況でも「改善のチャンス」ととらえ、問題解決に挑む人もいる。この気持ちの持ち方の差が、できるできないを分けてしまう。あなたは一体どちらだろうか？

――“いいストレス”は、武器になる

ビジネス環境のいかんを問わず、ビジネスパーソンはストレスと隣合わせで仕事をしている。そんな人たちのストレス解消法を調べてみると、❶酒を飲む　❷ぐっすり眠る　❸スポーツをする　❹趣味に打ち込む　❺家族との団欒、の五つが上げられた。

それぞれがもっともなことである。これに触発されて、自分なりのストレス解消法を改めて整理してみた。

ストレスにはユーストレス（いいストレス）とディストレス（悪いストレス）があるという学説がある。ディストレスは早く退治する必要があるが、ユーストレスはうまく活用すると大きな武器になるというのである。

では、両者の差はどこにあるのだろうか？

私が考えるところでは、気の持ちようである。心構えひとつで、プラスにもマイナスにもなる。ストレス要因に立ち向かうことによって、気持ちでマイナスをプラスへと変換させるわけである。

そうはいっても凡人の悲しさ。なかなかその境地へは到達しない。

そこで、私はこうしている。まず、気持ちの持ち方を肯定的に保つ。どうしてもイライラするときには、高速道路の交通渋滞を思い出す。「みんな同じじゃないか。自分ひとりでイラついていてもしかたがない」。結構、気楽になってくる。

長期的な視点で原因をとらえてみるのもいい方法である。「多長根」の長の活用である。「どうあがいてもあと五〇年も生きられない」と開き直ってみると、今の悩みが小さなものに見えてくる。そして、抱えている問題の本質がわかってくる。

また、フィットネスクラブで汗を流して身体をホドホドにいじめたり、本を読むことも間接的にストレスの予防・解消策になっているようだ。

悪性のストレスの場合は、ストレスの原因を一つひとつ項目別に書き出している。次にその原因を解消するために自分ができることを書いてみる。今日できること、一週間でできること、上司や同僚のアドバイスをもらえば解消すること、謝ってしまえば何とかなること……。それなりに気持ちが整理され、対策も明確になる。

こうして自分を客観視すれば、ストレスの原因を一つひとつ解消する方法が必ず見えてくる。

——悩みを解決する秘訣〝新流・居直りの哲学〟

D・カーネギーの『道は開ける』に、ウィルス・H・キャリアの公式が紹介されている。これは悩みを解消する画期的な公式である。物事に対処するにあたって、

❶「起こりうる最悪の事態とは何か」を自問する

❷やむを得ない場合には、最悪の事態を受け入れる覚悟をする
❸それから落ちついて、最悪の事態を好転させるよう努力する

——の三つのステップを踏んでいくと、自然と悩みも解消するという。

この公式を下敷きにして、自分なりの「居直りの哲学」を作ってみた。あなたに悩みがあったとしたら試してみてもらいたい。

▼新流居直りの哲学

❶業績が思わしくない。人間関係がギクシャクする。上司とソリが合わない……悩みの種は尽きない。だが、ちょっと待て。最悪の事態を考えたって、せいぜい降格か解雇。会社が自分の命までとろうとはいうまい。
❷命さえあれば、何とか食っていけるだろう。その自信と覚悟はある。
❸だが、食っていくだけでは寂しいから、自分にとって納得のいく仕事ができるようにしたい。そのためにも世間で通用するレベルまで自分の商品価値を高めておき

たい。

❹普段から専門的能力、マネジメント能力、人間的能力の三本柱を磨いておこう。

❺能力を磨いて「実力」と「自信」といささかな「実績」の「三ジ」をつけておけば、どんな事態になろうとも、卑屈にならずにすむ。保身のために右顧左眄《うこさべん》する必要はない。

❻その三ジに基づいて正道をきちんと踏み外さずに職務にあたれば、大方の場合は時間の問題で業績は好転するものである。

❼そうなれば、最悪の事態に陥ることはない。どうしても間が悪く、状況が好転しなくて、よしんばクビになったところで、命はあるさ。

❽以下❷に続く……というサイクルで考えることである。悪循環に対する好循環とでもいえるだろうか。

真面目な人、責任感の強い人ほど、仕事に行き詰まったりすると深刻に悩む傾向が強い。そんなときに悩んでばかりいても何の解決にもならない。あなたも、自分なりの「居直りの公式」を作って、気を楽にしたらどうだろうか。

――昇進・昇格を直接左右する〝メンター〟

宮本武蔵の人生にとって、沢庵和尚の存在は大きい。多くの小説家が宮本武蔵を書いているが、誰が書いた小説でも、沢庵和尚とのからみは大きな意味を持って描かれている。前述のように、武蔵の生涯は明確になっていないが、彼には心の師としての沢庵の存在があったことは間違いない。だからこそ、あれだけの人格が磨かれたのだろう。

武蔵にとっての沢庵和尚のような立場の人を、メンター（立派な指導者）という。多くの企業では、メンター活動を人材開発上の制度として取り入れている。人事部が上級管理職をメンターに指名して、社員のキャリア相談や指導に当たらせているのである。

メンターの支援内容は次のようなものである。

❶情報や助言を与える
❷他の管理職や新しい仲間とのコミュニケーションの機会づくり
❸仕事上のサポート
❹新しい技能が習得できるような仕事を与える
❺キャリア上の悩みの相談
❻個人を尊重して励ます
❼組織で成功するための参考例を示す
❽気軽に話ができる場をつくる

あなたの会社に必ずしもメンター制度があるとは限らない。そこで、メンターを探すように努力する必要がある。メンター探しには二〇％の運と八〇％の努力が必要になる。次の基準を参考にして、あなたもメンターを探してもらいたい。

❶心から尊敬できる人か

❷人生や仕事に対するアドバイスをくれる人か
❸必要な情報をくれる人か
❹人的ネットワークを紹介してくれる人か
❺会社と関係なく生涯つきあえる人か

さて、あなたにとっての沢庵和尚はどこにいるだろうか？

25 できる人は逆境を成長のチャンスに変えられる

人間である以上、誰でもストレスはある。要はストレスとどうつきあうか。酒で憂さを晴らすのもひとつの手だが、はるかに効果的な方法がいくつかある。自分にあった方法を、ここで考えてみてほしい。

――「雨の夜でも天には星」――逆境でこそ自分を磨ける

「人の一生は重き荷を背負いて坂道を登るが如し」という言葉がある。徳川家康がいったとされており、いかにも家康がいいそうな言葉である。

人生の八〇％は苦労や困難、心配ごとが占めている。だからこそ、残りの二〇％の成功の意味が大きいのである。世の中すべてがうまくいくとは限らないばかりか、むしろうまくいくことの方が少ないのだ。

しかし、だからこそ、いったん何かをはじめたら、やれるだけのことをやりたい。簡単にはギブアップしたくない。

ハンク・アーロンが当時のホームランの世界記録にあと四本という七一〇号ホーマーを放ったときに、それまでに彼が残した三振の数は実に一二六三回だったという。だからといって彼の記録の価値が下がるというわけではないが、七一〇回晴れがましい思いをした陰に、一二六三回も悔しい思いをしたというのは感慨深い。

私が好きな言葉のひとつに、「雨の夜でも天には星」というものがある。状況が悪いときでも、すべてが悪いわけではない。また、いつまでも悪い状況が続くわけではない。地上では雨でも、雲の上の天上は晴れ渡って星がまたたいている。

「朝が来ない夜はない」ともいう。必ず暗い夜の後には希望の朝がくる。諦めないで頑張ろうという、自分自身へのかけ声でもある。

――上手な割り切り方

野村証券の元社長である北裏喜一郎氏にも長い不遇時代があった。入社後に結核が再発して、そのために出世が遅れたのである。

その焦燥感をいやすために禅寺に通った。また、療養が必要となって和歌山の生家に帰った。『十八史略』『孫子』などの書を読みあさりもした。苦しい闘病生活にあっては、これらの本は北裏氏の心の支えとなった。

この経験があとで大きく役立っている。不遇時代に一見、経営とは関係ないような本をじっくり読み、座禅などで精神を鍛えたことが、人生哲学の形成に役立ったのである。こうして、病が癒えて活躍しだす三〇歳を過ぎた頃には、人格的にも大きく成長していた。

復帰後、北裏氏はそれこそトントン拍子に出世した。そして、名経営者の名をほしいままにするようになった。逆境の中で、心の体制を立て直した人の強さを証明する話といえる。

ついていないとき、逆境に陥ったときには、こうした不遇とつきあおうという割り切り方も重要になってくる。

オランダ公使に左遷されたときに、広田弘毅はこんな句を読んだ。

風車　風の吹くまで　昼寝かな

不遇のときには、自分の環境を変える、環境から身を引いて会社を辞める、自分の気持ちを変えて自分自身を処する、の三つが考えられる。中でも一番簡単なのが、自分の気持ちの持ちようを変えることだ。

つまり、左遷や出向、降格といった自分自身にとって不満のあるときほど、前向きにプラスにとらえることだ。

つまり、逆境を絶好のチャンスとしてとらえて、勉強に打ち込むことである。責任が以前よりは軽くなった分だけ、時間をとって勉強に打ち込むことができるだろう。こうしてタップリ充電することによって、次には特大のリカバリーショットを放つことが可能になる。

人事異動が栄転ばかりならビジネスライフも楽しいことばかりである。現実には逆境もある。本当に伸びる人間は、人に踏まれて麦が育つように、逆境に伸びるのだ。

電力王といわれた松永安左衛門は、一流の企業人になるには次の三つのうちどれかを経験しなければいけないといっている。

ひとつは、組織人としての浪人生活、すなわち「冷飯」時代。一つは監獄生活。一つは大病である。

もちろん、これらは求めて行なうべきことではないし、経験しないですむならその方がいいに決まっている。だが、こうした逆境に耐える強靭さが必要だという意味では、賛成できる。しかるべき地位についている経営者たちは、それなりの修羅場をくぐり抜けているのである。

誰でも順調なときは誰でもやる気に満ち、自信にあふれ覇気があって、やることなすことうまくいく。だが、同じ人が逆境に陥ると途端に、絶望感から消極的になり、やることなすことうまくいかずに、次第に怠け心が生まれてきてしまう。同じ人間でも、環境によって一八〇度違ってしまうのである。そんな逆境にあっても、めげずにリカバリーショットを打つべく自らを磨き上げ、前向きに力を発揮しようとしている人こそが、逆境を脱出することができる。

――不遇も気持ちひとつで乗り切れる

私自身も見事なまでの降格を二度も経験している。

一度目は、本社の課長から支店の課長へ落とされた。同じ課長でも、これは完全な降格人事だった。

そして、二度目は何と本社の部長から営業所の次長へと降格されてしまった。これは傍目からも疑うこともない降格である。あまりのショックに、しばらくは夜も眠れなかった。

この降格の原因は、若さゆえの生意気な進言を、不適切な態度でしたことによる。これによって上司との折り合いが悪くなって、放出されてしまったのである。

ビジネスライフには山も谷もあるということは頭ではわかっていても、いざわが身に降りかかってくると、ガックリきてしまって、どうしようかうろたえた。

そんな悶々としたある日、一冊の本に出会った。勝海舟の『氷川清話』だった。

「俺などは生来、人が悪いから、ちゃんと世間の相場を踏んでいるよ。上がった相場はいつかは下がるし、下がった相場もいつかは上がる。その上がり下がりの時間も、長くて十年はかからないよ。それだから自分の相場が下落したとみたら、じっと屈んでおれば、しばらくするとまた上がってくるものさ」

この一節に触れたとき、曇天の心が一気に晴れるのを感じた。「ああ、そうか」と気が楽になったのである。もっとも「十年もかかったらかなわんな」とも思ったが……。昇進、昇格はビジネスにつきもの。だからこそ、逆境を受けとめる勇気が必要なのである。

『氷川清話』の一節で、もう一度チャレンジする勇気がわいてきた。世の中には、モノの道理のわからない人間もいれば、目が利く人間もいる——こう思って心のゆとりがでてくると、自分の境遇が気にならなくなって、無心で仕事に打ち込めるようになった。

それから八カ月後、私は前に失ったポスト以上のところにいた。

26　できる人は転社でステイタスを上げられる

「転社してよかった！」といえるためには〝転社する資格〟が必要だ。資格のない安易な転社は単なる転落にすぎない。あなたの資格はどうだろうか？

――会社を移るときの〝最低条件〟6項目

転社願望が募ってくると、よほど気をつけないとブレーキがきかない。

そこで、私は次の五つの原則を作ってみた。これに合致するなら転社してもいいという最低条件である。転社願望を持っている人は、大いに参考にしてもらいたい。

❶ 辞めるには「正しい理由」が必要である

なぜ転社したいのか、冷静に分析したい。自分のキャリアプランにそった転社かどうか。この正しい理由とは、誰に聞かれても恥ずかしくないものである。

❷相手の会社を調べて評価する

あせらずに時間をかけて転社希望先の会社を調べあげよう。できれば、三名以上の社員に複数回会って話を聞き、自分の目で見て、肌でその会社を感じてくる。

できれば社長や重要なポジションの責任者と何度か会う手立てを考えたい。また、トラブルなどでその会社を辞めた人の話を聞くことができればベター。

❸ジョブ・ホッパーになるな

あきっぽくって、次々と仕事を変えていく人がいる。これはジョブ・ホッパーといって、日本でもアメリカでも歓迎されない。ひとつの会社で何か実績を残すためにも一〇年は頑張ってもらいたい。それが、その会社を自分で選択した責任を果たすことになる。

❹ 負け犬転社は厳禁

辞表を出したときに、「辞めないでほしい」と引き止められるような人間の場合、おおむね転社にも成功している。

反対に、何の引き止めもないようなときには、転社は見合わせた方がいい。その会社で実績を残していないという精神的な負債を負った状況で転社しても、自信を持って新しい会社で活躍することはできない。むしろうまくいっていないときほど、その会社で自分を磨くように努力する必要があるのだ。

❺ 人に迷惑をかける辞め方をしない

ある会社の取締役のケース。自分で自動化倉庫の導入を提案してプロジェクトがスタートし、その全貌が見えてくる寸前に辞めてしまった。建物は完成していないし、システムの引継ぎも不十分で、後任のメドもついていなかった。

結局、このことが新会社での評価ダウンにつながってしまった。くれぐれも「立つ鳥、後を濁さず」で。

❻ 必ず「太る辞め方」をする

総合的に自分の成長につながる転社かどうか。社格、地位、収入アップだけではない。たとえば社格だけ上がっても、地位や給料とセットになっていなければ、意味はない。

――いい転社先をチェックする

自分の転社動機を振り返ってみて、前項の六項目をクリアしたら、受入先企業のよしあしをシビアにチェックする必要がある。そこで、次の六項目をチェックしたい。

クレド＝哲学・信条をキチンと持っている会社か？

コミットメント＝本腰を入れて、長期的に市場に取り組もうと考えている会社か？

ケミストリー＝ものの考え方、雰囲気、社風などの自分との相性はどうか？

デレゲーション＝権限委譲が十分に行なわれている会社か？

ディレクション＝会社の長期方針、方向性を明確に打ち出している会社か？

エクスペクティション＝会社のあなたに対する役割や期待はハッキリしているか？

この六項目すべてに、「イエス」といえる会社であるのならば、転社してうまくいく可能性は一〇〇％に近い。

ところで、この中でもっとも重要なのは何だろうか？

ヘッドハンターなどの話を総合すると、ケミストリー（相性）がもっとも重要である。ほかのすべての項目がＯＫでも、相性が悪い会社だったら転社は見合わせた方がいい。

ただし、自分が現在勤めている会社との相性という点でいえば、ちょっと事情が違ってくる。

相性がよくないから転社したいというのは最悪だ。

まず、自分自身の仕事ぶりや対人関係などを冷静かつ客観的に振り返ってみることである。案外、その原因が自分のワガママさや精神的な未熟度だったりする。

こうした自己分析がしっかりしていないと、かりに転社しても、新しい会社で同じ結果になってしまう。それではせっかくの転社が自分の成長につながらないばかりか、ジョブ・ホッパーへと転落の道をたどってしまうことになる。

最後に、転社を決めたあとは次のような覚悟でチャレンジしてもらいたい。

▼転社先へ赴任の際の基本態度

❶基本姿勢として、新しい会社に骨を埋めるつもりで入社する
❷経験を買われていたとしても、一からの出直しのつもりで行く
❸最初から極端に高望みの役職を要求しない
❹最初の六カ月は状況観察と人間関係づくりに励み、出すぎ、やりすぎに注意する
❺「前の会社ではどうだった、こうだった」などと決していわない

7章

できる人は
目的意識をもって働いている

27 できる人は自分のための働き方を知っている

会社のためだけに働くのでなく、一番大切な自分のために働こう。優れた企業にいくつかの条件があるように、優れた人にも条件がある。そこで、自分を会社に見立てた「自分株式会社」の経営にチャレンジしてみよう。

――誰も教えてくれなかった、かしこい能力開発の方法

ビジネス社会で自分自身の可能性に挑戦し、自分を高めていくためにもっともてっとり早いのは、すでに述べた「自分株式会社」を設立することである。

これは、自分自身を会社に見立てたもの。つまり、この「会社」の経営目標を達成することは、自分自身の目標を達成することとイコールになる。自分のために行なうことだけに、目標達成に向けての気合の入り方も違ってくるし、勉強にも力が入る。

では、どう考えたらいいのだろうか？

自分株式会社の経営目標は「エクセレント・カンパニーになること」である。そのためには実際のエクセレント・カンパニーを真似すればいい。私のみるところ、エクセレント・カンパニーには、「企業文化」「経営計画」「人材」が整っている。

企業文化とは、企業に培われてきた組織風土のことである。ある調査では、企業文化の醸成努力を行なっている企業とそうでない企業とでは、年間売上高伸び率でも大きな差があるそうだ。

次の経営計画はどの会社にもある。だが、エクセレント・カンパニーの場合は長期・短期計画のバランスがよくとれている。しかも、社員一人ひとりが計画を自分のものとして、積極的に実現に向けて取り組んでいる。

次の人材。エクセレント・カンパニーでは、社員を目標を達成するための道具ではなく、重要な資産という考え方を持っている。これは採用時の姿勢や教育訓練に対するコミットメント、さらには不況時の社員に対する対応などにハッキリと表れる。

——自他共に認める一流ビジネスパーソンの3条件

では、自分株式会社の経営者であるエクセレント・パーソンの条件はどうなるだろうか。

最初の企業文化にあたるのが、「人格・人柄」といった、その人の人となりや、その結果表れる態度ということになろう。ビジネス遂行能力の三本柱でいえば、「人間的能力」を磨くことである。

次の経営計画は、もちろん自分自身の最終計画（長期計画）と短期計画、実行のためのアクションプランである。その重要性と具体的な作り方はすでにくわしく述べた。

最後の人材は、エクセレント・パーソンでは、自分自身の能力・資質を磨くということになろう。

ピーター・F・ドラッカーは、「優れたビジネスエグゼクティブの共通的特徴のひとつは、日々の自己啓発を怠らないことである」といっている。意識的に自己成長プログラムを実行していく必要があろう。

私自身も二〇代の後半から自分株式会社を意識して、計画を立ててビジネスライフを送ってきた。参考のために私が立てた目標を紹介しよう。

❶日本でとれる英語の資格の主なものはすべて三年以内に取得する
❷中小企業診断士の資格を二年以内にとる
❸マーケティングに関しては社内で一番の実力を身につける
❹四五歳までには、企業のトップポジションにつく
❺経営者としてエクセレント・カンパニーに育てる
❻自分の考えを広く内外に伝える
❼人格の修養をめざす

28 できる人は自分が今、何をすべきかわかっている

あなたは、❶能力とは何か、❷自分に求めたい能力は何か、❸現在の自分のレベルはどの程度なのか、をキッチリ把握しているだろうか？　これを自覚できれば、何をすべきかはおのずからクリアになってくる。

──〝能力の在庫チェック〟で、何をすべきかがクリアになる

会社では年に何回か棚卸しを行なう。

自分株式会社でも能力の棚卸しを定期的に行なったらどうだろうか。自分の能力の中では、どこが強みで、どこが弱みか。何が不足していて、人より優れている部分は

どこか。したがって、どの部分を伸ばして、どの部分を補う必要があるのかと、具体的に検討する。

これを具体的な目標として、実行可能なアクションプランへと落とし込んでいく。

なお、棚卸しによって能力の洗い直しをするときに、信頼できる上司や部下に率直な意見をいってもらうことをお勧めしたい。ひとりよがりのチェックでは、本当の意味での能力の棚卸しにはならない。どうしても自己認識は甘くなってしまいがちである。どんなに客観的かつシビアに評価しているつもりでも、他者認識とのギャップは非常に大きいものだ。それだけに、より厳しい目でチェックしてもらう必要がある。

自分の能力の在庫調べをすると「過剰である」と自己評価を下せる項目があるだろうか？

それが本当に過剰であればいいが、えてして人は自分に甘いもの。

反対に一般的にいえば、自分が思っているほど人はこちらを認めてくれてはいないものである。したがって、過剰とは思わずにその部分についてもさらに積み増すように努力したい。

不足していると自己診断したものについてはなおさらである。こうした能力の積み増しが、中身の濃い、自覚的な自己啓発や能力開発ということになる。

ところで、ビジネスパーソンの自己啓発というと、すぐに読書や勉強会を思い浮かべる人が多いようだ。もちろんこれらも欠かせない重要なポイントといえる。私自身もカラテの応用を強調している。

だが、多長根の根で考えると、能力開発は本来的には仕事に対してなされるのがスジである。私の感覚では、オン・ザ・ジョブが七～八割、オフ・ザ・ジョブが二～三割といったところが適当だろう。仕事は怠けていて、セミナーや勉強会にばかり熱心というのでは、ホンモノの自己啓発とはいえまい。

自分自身の能力の在庫積み増しにあたっては、オン・ザ・ジョブ八割という線をしっかりと押さえてもらいたい。

――〝欠点を直すプログラム〟で能力アップがグンと速まる

ZD（Zero Defects）運動というのを存じだろうか？　簡単にいえば欠陥をゼロにし

ようというＱＣ（品質管理）活動である。誰にも欠点のひとつやふたつはあるだろう。こうした欠点をゼロにしようというのが、自分ＺＤ運動。能力の棚卸し、積み増しとセットで考えたい。

長所と欠点は裏表というから、視点を変えれば、欠点と思っていたことがその人の魅力ということもある。だが、どう考えてみても魅力になり得ない欠点については、自分自身で直すように努力すべきだろう。

ベンジャミン・フランクリンは、「自分の欠点を直すプログラム」を作って、毎週一つひとつ実行したという。

そこまで徹底する必要はないが、自分自身を客観視して、周りの人のアドバイスを聞きながら欠点を分析し、それを矯正するプログラムを作って自分に課していったらどうだろうか。

「ＺＤ（欠陥ゼロ）人間なんかロボットのようで人間としての魅力に欠ける。欠点があってこそ人間的なんだ」などという人がいるが、どうあがいたところで、欠陥ゼロ人間になることはない。要はマインドセット（心の持ち方）とプロセスの問題である。

――評価のポイント〝必ず数字で表すこと〟

自分の能力を計る上で必要なのが、評価基準をキチンと決めておくことだ。ビジネスパーソンにとっては、次の二点を考えておきたい。

まず、業績基準を考えること。しかもそれは計数を伴っていなければならない。数字という客観的なものに置き換えておかないと、正確な評価は下しがたい。

次に、結果と過程に対する評価の割合である。

一般にアメリカ人は結果や業績のみに評価を下す傾向が強い。日本企業の評価は過程も加味している。

ビジネスパーソンである以上、結果に対して評価をするのは当然だが、結果至上主義ではあやうい。そこで、結果八〇に対して過程二〇ぐらいで見たらどうだろうか。あらゆる手を打った上での失敗は、ある程度評価すべきだと思う。

29 できる人は「PRO」を意識している

ただの会社員とプロのビジネスパーソンは、似たようでいて全く違う。毎日なんとなく出社し、ノルマだけソツなくこなして帰る人は本当の意味のプロとはいえない。自他ともに認めるプロとは、どんな人をいうのだろうか？

プロフェッショナルの条件は、私が見るところ「ＰＲＯ」である。

できるビジネスパーソンは、仕事ができるのはもちろん、人柄がよく、リーダーシップがあるといったいくつかの基本条件を共通の特徴として持っている。

そして、共通してＰＲＯの三つの要素を兼ね備えているのである。それは、「ポジティブ（肯定的）」「リスポンシビリティ（自責）」「オブジェクティブ（目標）」である。

たしかに、

「自分はいつも肯定的に考えて行動している」

「いつも自分の責任でモノを考え実行している」
「自分はつねに生きた目標を持って、その実現に向けてチャレンジしている」
――こう自信を持っていい切れる人間は、まぎれもなくプロのビジネスパーソンであり、エクセレント・パーソンそのものである。

――肯定的・自責・目標がプロビジネスパーソンの3要素

現実の仕事は流動的で不安定なものである。ときには大成功も収めることができるが、予想外の失敗もある。こうした一コマ一コマに一喜一憂しているようでは、好調なときはさておき、不調時には冷静にビジネスを遂行することはおぼつかない。

環境が悪くてもへこたれず、その中で状況が好転するようにチャレンジする。こうしたつねに肯定的な態度で前向きに対応することが大切だ。

自分株式会社ばかりでなく、普通の会社にもこの肯定思考が必要なのである。どんな会社でも、社会的に認められるようなレーゾンデートル（存在意義）がなければ、長期的に企業生命を維持し、さらに発展させることはできない。

これは社会が会社にとって肯定的な存在であるのと同様に、会社も社会にとって肯定される資格を備えたものでなければならないということである。

次の「R」は「責任」である。

物事が思いどおり進まなかったり、トラブルに巻き込まれたりするのは、もとはといえば自分の力量や運に原因がある。一〇〇％自分の責任ということはほとんどないだろうが、逆に一〇〇％自分の責任ではないということもあるまい。

であるなら、モノの順序としては、「自分の問題だ」ととらえた方が正しいし、積極的にそれに立ち向かおうという意欲もわいてくるだろう。何よりも精神衛生上も、人をあてにしなくてすむ分だけはるかにスッキリする。

逆に他人に責任を押しつけてばかりいる人は、そこから自分の成長の糧を得ることはおぼつかないだろう。

人はえてして、「あいつが悪い」と他人に責任を転嫁したくなるものだ。そこをあえて、「自分の責任である」と考えて対応するところにプロとしての素晴らしさがある。

最後の「O」は「目標」。

目標の重要性は何度もくり返して述べた。

ビジネスパーソンの生きがいは、目標を立ててそれを達成することではないだろうか。目標のないところに達成感はない。たった一度の人生である。目標を持って、充実した日々を送りたいものである。それが、自分株式会社の成功につながるのである。

——優れた人をモデルに努力すれば、必ず自分も成長する

プロのビジネスパーソンをめざすひとつの効果的な方法がある。それは、自分が尊敬できるような上司や先輩、あるいは優れた経営者たちを自分のモデルとすることだ。簡単にいえば、彼らの思考方や行動を真似することによって、自分自身の才能のクオリティアップを図るのである。

そもそも「学ぶ」という言葉は「真似ぶ＝まねする」に由来しているといわれている。モデルが明確であればあるほど真似しやすいのが道理である。

なお、人は悪い例、失敗例から学ぶことができるが、いい例や成功例から学んだ方がはるかに効果的である。したがって、優れた人材をモデルにするという方法は効果

がある。

モデルとした人間があまりに立派すぎて、自分は到底そのレベルまで達することはできないのではないか、などと不安になることがあるかもしれない。

だが、『葉隠』の一節には、

「名人の上を見聞して、及ばざる事と思ふは、ふがいなきことなり」

とある。名人も人なら我も人。何で及ばぬことがあろうか。こう考えて、そのモデルに迫る努力をすることである。少しでも近づければ、それだけでも自分が成長したことになるわけだから……。

最強の働き方マニュアル

著　者　新　将命
発行者　真船美保子
発行所　KK ロングセラーズ
東京都新宿区高田馬場 2-1-2　〒 169-0075
電話（03）3204-5161（代）　振替　00120-7-145737
http://www.kklong.co.jp
印　刷　暁印刷　　製　本　難波製本

落丁・乱丁はお取り替えいたします。
※定価と発行日はカバーに表示してあります。
ISBN978-4-8454-5020-6　C2234　Printed In Japan 2017